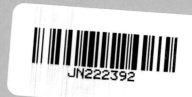

日本語のテンスと叙法

― 現代語研究と歴史的研究 ―

福田嘉一郎

和泉書院

家族と母に

序

本書は，日本語のテンスと叙法に関して，現代語研究および歴史的研究のそれぞれの観点から興味深い現象を選び，記述あるいは説明を試みたものである。筆者の博士学位論文「日本語の述語時間表現の機構と歴史」（京都大学，2015年3月）の一部を基として，加筆・修正を施した。

日本語の歴史的研究，特に文法史の研究を行おうとするとき，出発点となるのは中古語についての知識である。中古語は古典語として，中世以降も長い間，書記言語の規範的地位を占めていた。中古語から現代語に至る過程で最も大きく変化した要素は，いわゆる「助動詞」であろう。そして，伝統的国文法で言う「助動詞」には，一般言語学で言うところのテンス，あるいは叙法に関わる形式が多い。

1970年代以降，現代日本語文法の研究は長足の進歩を遂げ，一般言語学のさまざまな文法カテゴリが日本語においても指摘された。ヴォイス（態），アスペクト（相），テンス（時制），ムード（叙法），モダリティ（叙法類）などがそれであり，それぞれについて多くの研究テーマが設定されてきた。しかし，日本語の歴史的研究，いわゆる国語史研究においては，文法カテゴリの諸概念はなかなか受容されなかった。特に，日本語には「テンス」にあたる範疇はない，という見方は根強かったと思われる（筆者が博士論文題目で「述語時間表現」とした理由でもある）。その一方で，一般言語学の文法的概念を取り入れた日本語史研究も始まってはいたが，個々の概念の理解が必ずしも十分でなかった。例えば，「テンス」あるいは「モダリティ」を認定すべき形態・統語的特徴について吟味することなく，どの時代の日本語にもそれらの文法カテゴリがあるものと考えるといった研究も見られた。

日本語学が一般言語学に寄与することがあるとすれば，それは日本語学が一般言語学の成果を参照しつつ，日本語における事実の観察に徹した場合であろうと，筆者は考える。かつての新知見もいつしかドグマとなりうる。本書では，あらゆる先入観を排して，日本語のテンスと叙法に関わる現象を記述，説明するということに努めた。

本書は第Ⅰ部，第Ⅱ部と補章から成る。第Ⅰ部（第１章～第６章）では現代日本語のテンスと叙法について論じる。まず，第１章～第３章では，（１）–（３）のような例を取り上げる。

（１）a．別れた彼って背が高｛かった／?い｝のよね。
　　b．――あなたの別れた彼だというＡさんを探しています。この人ですか？〔不鮮明な写真を指差して〕
　　　――いえ，彼はもっと背が高｛?かった／い｝と思います。
（２）a．おーい，い｛た／*る｝ぞ。〔捜索隊員が遭難者を発見して〕
　　b．おい見ろよ，あそこに変なやつがい｛*た／る｝ぞ。〔偶然に不審者を発見して〕
（３）a．その老人は子供の頃ここに来｛?ました／たそうです｝。
　　b．太郎はきのうここに来ました。

（１）（２）の下線部を含む文は，いずれも発話時において存在する（現在の）外的事態を描いている。しかしながら，(1a)(2a) では -タ（「た」「かった」）が適格，-非タ（「る」「い」）が不適格であり，一方，(1b)(2b) では -タが不適格，-非タが適格である。また，(3a, b) はいずれも発話時以前に存在した（過去の）外的事態を描く文で，-タ（「た」「ました」）が用いられているが，これらを対話の例とするとき，(3a) では確言（「ました。」が表す，命題を真と認める叙法）が不適格で概言（「たそうです」等が表す，命題を真と認めない叙法）が求められるのに対し，(3b) では確言が適格である。第１章～第３章では，（１）–（３）の例に見られる現象を，「発話時を基準とするテンスの対象は，述語が描く外的事態の時ではなく，外的事態の観察可能時である」という筆者の仮説に基づいて説明する。観察可能時とは，話者が実際に，または想定の中で外的事態を観察する時のことである。

次に，第４章〜第６章では，（４)-（７）のような例を取り上げる。

（４）a．あのモーニング着たかなと，ちょっと考えておかしかったが，母は祝いを送ったらしかった。　（幸田文「黒い裾」）

b．——太郎はどんな様子だった？

——うん，?ここへ来るらしかったよ。

（５）a．夏祭りにはいつもそうめんとはもを食べたものだ。

b．*夏祭りには {必ずしも／いつも} そうめんとはもを食べた {ものではない。／ものか？}

（６）a．病人はいつも自分より軽症の者に嫉妬《しっと》を感ずるものだ。

（山本周五郎「将監さまの細みち」）

b．病人は {必ずしも／いつも} 自分より軽症の者に嫉妬を感ずる {ものではない。／ものか？}

（７）a．あすこには私の友達の墓があるんです　（夏目漱石「こころ」）

b．君はまだ太郎に答えなくていい。彼は君に聞いているのではないのかもしれないのだ。

(4a)(5a)（６)（７）の下線部はすべて，文の資格をもつ節に後接する文法的形式であり，(5a)（６)（７）の「もの」「の（／ん)」は名詞類ではない。第４章〜第６章では以下のような説明を与える。すなわち，(4a) の「らしかった」は -タを伴った通常の述語とは異なり，「語り」においてのみ用いられる文体上の過去形であって（cf. (4b)），-ラシイ（概言を表す）は主体的なモダリティ形式といえる；(5a) の -モノダ（感慨を表す）は否定化，疑問化を許さず（cf. (5b)），モダリティ形式の一つといえるが，（６）の -モノダ（一般的傾向を説く）と（７）の -ノダは，否定化あるいは疑問化を許容する客体的な説明の形式である；-ノダは，不明な要素を含む何らかの前提の下で，叙述文の内容が適切と見られることを表す形式であり，-ラシイ，-カモシレナイのような概言のモダリティ形式にも後接しうる（(7b)）；説明の文法的形式はメタ言語に相当するものといえる。

第II部（第7章〜第10章）では，日本語のテンスと叙法の歴史的側面について論じる。第7章では中古語の叙法を分析・記述し，叙法形式（句接辞《phrasal affix》）の体系を表1のようにまとめる（命題の時＝観察可能時）。

表1　中古日本語の叙法句接辞

<table>
<tr><td colspan="4">非接続／接続
命題の真実性のとらえ方</td><td>非接続叙法形式</td><td colspan="2">接続叙法形式</td></tr>
<tr><td rowspan="8">命題が真である蓋然性pについて判断する〔叙述〕</td><td rowspan="3">p＝1</td><td colspan="2">命題の時を時間軸上に定位しない〔確言〕</td><td>-u</td><td colspan="2" rowspan="3"></td></tr>
<tr><td rowspan="2">命題の時を過去に定位する〔回顧〕</td><td>外的事態を実際に観察した時＝命題の時</td><td>-キ</td></tr>
<tr><td>命題の時より後で外的事態についての情報を取得した</td><td>-ケリ</td></tr>
<tr><td rowspan="4">0＜p＜1〔概言〕</td><td rowspan="3">否定を兼ねない</td><td>命題の時が発話時以後</td><td>-ム</td><td rowspan="2">-叙接バ</td><td rowspan="2">-トモ</td></tr>
<tr><td>命題の時が発話時と同時</td><td>-ラム</td></tr>
<tr><td>命題の時が発話時以前</td><td>-ケム</td><td colspan="2"></td></tr>
<tr><td colspan="2">否定を兼ねる</td><td>-ジ</td><td colspan="2"></td></tr>
<tr><td colspan="3">p＝0〔仮想〕</td><td>-マシ</td><td colspan="2">-セバ</td></tr>
<tr><td rowspan="6">命題が真であるように求める〔希求〕</td><td colspan="2" rowspan="3">聞き手の運動・状態を希求する</td><td rowspan="2">否定を兼ねない</td><td>-e</td><td colspan="2"></td></tr>
<tr><td>-ソ</td><td colspan="2"></td></tr>
<tr><td>否定を兼ねる</td><td>-禁止ナ</td><td colspan="2"></td></tr>
<tr><td colspan="3" rowspan="2">話者自身の運動・状態を希求する</td><td>-(テ/ニ)シカ</td><td colspan="2"></td></tr>
<tr><td>-バヤ</td><td colspan="2"></td></tr>
<tr><td colspan="3">第三者の運動・状態を希求する</td><td>-ナム</td><td colspan="2"></td></tr>
<tr><td rowspan="5">命題のとらえ方を後続節の述語の叙法に委ねる〔保留〕</td><td colspan="3" rowspan="4">否定を兼ねない</td><td rowspan="4"></td><td colspan="2">-i</td></tr>
<tr><td colspan="2">-テ</td></tr>
<tr><td colspan="2">-ツツ</td></tr>
<tr><td colspan="2">-ナガラ</td></tr>
<tr><td colspan="3">否定を兼ねる</td><td></td><td colspan="2">-デ</td></tr>
</table>

中古語では，叙法が確言である場合，命題の時が発話時に対して以前（(8a)），同時（(8b)），以後（(8c)）のいずれであっても同じ形式 -u が用いられ，テンスが認められない（「-u(2)」は -u の異形態の一つ）。

（8）a．この上《かみ》の聖《ひじり》の方《かた》に，源氏の中将の，瘧病《わらはやみ》まじなひにものしたまひけるを，ただ今なむ聞きつけはべr-*u*《る》(2)〔…たったいま聞きつけました〕　（源氏物語・若紫）

b．おほやけの御近き衛《まも》りを，私《わたくし》の随身《ずいじん》に領《りやう》ぜむと争ひたまF-*u*《ふ》(2)よ〔…争いなさっていることよ〕　（源氏物語・横笛）

c．今日なむ参りはべr-*u*《る》(2)〔今日参上します〕　（源氏物語・葵）

また，回顧（命題を真と認める述べ方の一つ）を表す叙法句接辞-キ・-ケリが用いられた場合，命題の時は必然的に過去となる（「しき〔した〕」「しけり〔したそうだ／したのだ〕」）。しかしながら，命題の時が過去で，かつ話者が命題を真と認めたなら-キ，-ケリを用いるという原則がないため（(8a)），-キ，-ケリはテンスの形式とはいえない。

第8章では第7章を承けて，中古語について伝統的国文法で言う，「活用語」の「未然形」に後接する「ば」と，同じく「已然形」に後接する「ば」とが，同一の「接続助詞」でないことを示す。前者の「ば」は接続叙法形式の-叙接バ（の一部分）にあたり，後者の「ば」は叙法形式に後接する接続接語《clitic》の-単接バにあたる。

（9）a．雨降r-*a*《ら》ば〔雨が{降ったら／降れば}〕しぼみなむかし（枕草子）

b．昔の御事を思し出《い》でば〔…（ときには）思い出しなさるなら〕，かやうやはもてないたまふべき　（狭衣物語）

（10）a．それもめづらかなるここちしてゆき過ぐれば〔…通り過ぎると〕，はるばると浜に出《い》でぬ　（蜻蛉日記）

b．上《うへ》の同じ御子たちの中《うち》に数《かず》まへきこえたまF-i《ひ》しかば〔…数え入れ申し上げてくださったのだから〕，さこそは頼みきこえはべらめ　（源氏物語・澪標）

c．かくあさましきそらごとにてあr-i《り》ければ〔…偽りだったとわかったから〕，はや返《かへ》したまへ　（竹取物語）

d．おはせましかば〔仮想世界で（夕顔が）ご存命となると〕，我ら

は下《くだ》らざらまし　(源氏物語・玉鬘)

(9a, b) の「-a ば」「ば」らは -叙接バの異形態であり，(10a-d) の「ば」は -単接バである。(10a-d) の -単接バに前接する「れ」「-i しか」「-i けれ」「ましか」は，それぞれ叙法句接辞 -u・-キ・-ケリ・-マシの一異形態である。(9)(10) の波線部が表す「未然形」「已然形」の概念は解体される。

第 9 章および第 10 章では，中世から近世前期にかけての口語資料に見られる，(11)-(16) のような例について考察する。

(11) a．定めて御苦労に渡らしられてこそ御座れ　(原刊捷解新語)
　　b．さだめてお心遣にお渡海なされましたでござろう (改修捷解新語)
(12) a．京より返礼の返書が下りまるせう程に自然遅かるかと思いまるする　(原刊捷解新語)
　　b．京より返礼の返書が参りましょうほどに，自然延引致 s-*o*《そ》うかと存じまする　(改修捷解新語)
(13)　俊寛はなぜに忘れうぞな *r*-e《れ》-ば〔俊寛は忘れるわけがないので〕　(天草版平家物語)
(14)　汝がゆくまひな *r*-a《ら》ハ〔おまえが行くまいというなら〕，身共にもつてゆけといふ事か　(虎明本狂言・腥物)
(15)　あまりにひた騒ぎに騒いだによって帰った〔あまり騒ぐばかりだったから帰ったのだ〕　(天草版平家物語)
(16)　上下によらずもちいてまいる程に，我等もくだされてござる〔身分の上下を問わず食用するので，私もいただいたのです〕　(虎明本狂言・鈍根草)

朝鮮で刊行された日本語学習書である捷解新語 (原刊本 1676 年，第一次改修本 1748 年) の改修にはいくつかの原則が認められるが，(11)(12) の確言表現から概言表現への置換は，叙法副詞 (破線部) の用法に照らして，不適格な日本語の表現を適格な表現に改めた例と推測される。また，名詞節に後接する場合の中古語の接語 -指定ナリ（いわゆる「連体なり」）は，中世以降は独立した文（または引用名詞類）に後接する形式へと変わり（(13)(14)；ちなみに（13）の「-e」は確言句接辞 -u の一異形態），同時に，現代語なら説明の文法的形式 -ノダが必須となるはずの文脈において，中世の口語では無標である例が少なくない（(15)(16)）。「連体なり」と現代語の -ノダとの間に通時的な連続性は認めがたく，-ノダは近世以降，準体助詞 -ノが成立したのちに新しく生まれた形式と考えられる。

補章では，テンスと関わりの深いアスペクトについて，筆者の見解――例えば，現代日本語の主要なアスペクト形式である -テイルを，動きが開始した後の状態を表すものと考える――を述べる。また，中古語のアスペクト形式 -結果タリが中世以降 -タへと変化したのにつれて，テンスを持たなかった確言の叙法形式がテンスを持つように（-タと -非タがテンスとしての対立をなすように）変わった，その経緯を略説する。

本書における研究は，本文中で具体的に引用，言及することのなかった，さまざまな人の論考からも示唆を得ている。特に，有田節子氏，井島正博氏，庵功雄氏，小田勝氏，定延利之氏，鈴木泰氏，矢島正浩氏，山口堯二氏の名前をここに記しておく。

なお，本書の出版にあたっては，神戸市外国語大学の研究成果刊行物制作補助制度による助成金を受けた。

著者

目　次

I　現代語研究

第1章　主節述語のテンスと観察可能時

1. はじめに

本章では，現代日本語における主節の述語のテンスについて論じる。第2節で議論の前提を示す。第3節で静的述語のテンスについて論じ，日本語の静的述語のテンスは，述語が描く外界の事態の時と発話時との関係によってではなく，外的事態の観察可能時（話者が実際に，または想定の中で外的事態を観察する時）と発話時との関係によって決定するととらえるべきであることを述べる。また，いわゆる叙想的テンスの問題にもふれる。第4節で動的述語のテンスについて論じ，静的述語の場合の観察可能時が時間軸上に長さをもたない「点」であるのに対して，動的述語の場合の観察可能時は時間軸上に一定の長さをもつ「線」であるということ，および，動的述語のテンスも静的述語のテンスと同様に，述語が描く外的事態の観察可能時と発話時との関係によって決定するといえることを示す。

なお，

（1）　もう少し手当てが遅かったら，助からなかった。

（2）　もしけがをしていなかったら，今頃いろんな所を旅していたでしょう。

のように，明らかに事実でない外的事態を描く述語[1)]は，本章では考察の対象としない。この種のものに発話時を基準とする現実世界の時の概念があてはまるか否かが，今はよくわからないからである。

2. 議論の前提

2.1　現代日本語のテンスの形態的規定

まず，発話時は通常，時間軸の上を過去から未来へと移動し続ける「点」ととらえられる。図1を見られたい。

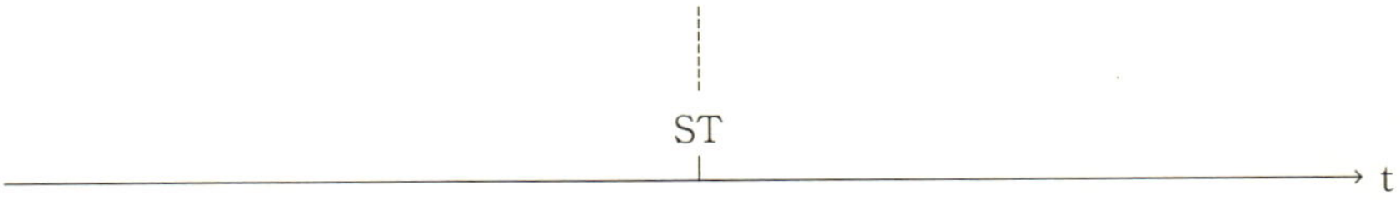

t：時間軸
ST（Speech Time）：発話時

図1　時間軸と発話時

一般にテンス（時制）とは，言語によって表される事柄の時が，基準となる時（通常は発話時）に対して以前（過去）であるか，同時（現在）であるか，以後（未来）であるかによって，体系的に異なる形式が選ばれるとき，それらの形式が担う文法的意味から成る文法カテゴリを指して言う。（3）（4）を見られたい。

（3）a．太郎はきのう家に {いた／*いる}。
　　b．太郎は現在家に {#いた／いる}[2]。
　　c．太郎はあした家に {*いた／いる}。
（4）a．花子はきのう私の家に {来ました／*来ます}。
　　b．花子はあした私の家に {*来ました／来ます}。

（3）（4）の場合，「いた」と「いる」，「来ました」と「来ます」の対立は発話時を基準とするものであり，日本語がテンスをもつ言語であることがわかる。ただ，テンスという文法カテゴリは元来，印欧語のものである。印欧語においては，例えば英語の ‘was/is’, ‘came/come’ のように，テンスはそれを表す特定の形式が分析できない姿で，動詞の語形変化（パラダイム）の中に表現されることが多い。これに対して日本語では，「(居)-た／-る」「(来)-ました／-ます」という形式が容易に抽出される。テンスを日本語の述詞（動詞など）がもつ形態論的カテゴリとして適用することには，実は大きな問題があると思われる。

本章では，「泳《い》g《だ》-た」「居た」「寒かった」「{静か／子供} だった」の {/-た/~/-かった/~/-だった/} および「泳 g《ぎ》-*i* ました」「居ました」「寒かったです」「{静か／子供／～ません} でした」の {/-i ました/~/-ました/~/-かったです/~/-でした/} を句接辞（phrasal affix）「-タ」，「泳 g《ぐ》-*u*」「居る」「寒い」「{静か／子供} だ」の {/-u/~/-る/~/-い/~/-だ/} および「泳 g《ぎ》-*i* ます」「居ます」「寒いです」「{静か／子供} です」「～ません-φ」の {/-i ます/~/-ます/~/-いです/~/-です/~/-φ/} を句接辞「-非タ」と呼び，対立を示す -タと -非タの意味が日本語のテンスを構成していると見ることにする[3)]。

2.2　核をなす語類から見た静的述語と動的述語

静的述語とは，一般に，-非タを伴った場合に，発話時において存在する[4)]（現在の）外界の事態すなわち外的事態を描きうる述語のことである。静的述語は概ね（5）のように整理できる。

（5）　静的述語

a．{形容詞／名詞的形容詞（いわゆる形容動詞の語幹）／名詞} またはその相当句を核とするもの（「寒い」「見たい」「静かです」「降りそうだ」「子供だ」等）。

b．静態動詞を核とするもの。

静態動詞：存在を表す動詞（アル /あ r-/，居ル /い-/，等），関係を表す動詞（関ワル /かかわ r-/，相当スル /そうとうさ-/~/そうとうし-/~/そうとうす-/~/そうとうせ-/，違ウ /ちが w-/，意味スル /いみさ-/~/いみし-/~/いみす-/~/いみせ-/，等），感覚を表す動詞の一部（見エル /みえ-/，聞コエル /きこえ-/），要ル（/い-r-/），分カル（/わか r-/），（可能を表す）デキル（/でき-/），……

c．動詞＋可能を表す句接 -e ル（/-e-/~/-られ-/）を核とするもの（「泳《げ》-g-e-る」「見られる」等）。

d．{形容詞／名詞的形容詞／静態動詞} ＋-スギル（/-i すぎ-/~/-すぎ-/）を核とするもの（「寒すぎる」「静かすぎる」「違《い》 *w-i* すぎる」等）。

e．-テイル（/-てい-/）；-テアル（/-てあ r-/）；-ツツアル（/-i つつあ r-/~/-つつあ r-/）}；-ナイ（/-a な-/~/-な-/）；-マセン（/-i ません-/~/-ません-/）を伴う形を核とするもの。

これに対して，動態動詞（静態動詞を除く大部分の動詞）を核とし，(5c–e）に関わらないものが動的述語となる[5)]。-非タを伴う動的述語は通常，発話時より後に存在する[4)]（未来の）外的事態しか描きえない[6)]。（6）を見られたい。

（6）　花子は {あした／*現在} 私の家に来-ます。

3. 静的述語のテンス

3.1　静的述語のテンスと外的事態時

日本語では，静的述語における -タと -非タの対立に関して，（7）のような現象が認められる。

（7）a．太郎はきのう家にい {た／*る}。(＝(3a))
　　b．太郎は現在家にい {#た／る}。(＝(3b)。cf.注 2)
　　c．太郎はあした家にい {*た／る}。(＝(3c))

-タと -非タの対立は発話時を基準としている。しかし他方，-タを伴う静的述語が発話時以前の外的事態でなく，発話時において存在する外的事態を描いている場合があることについても，多くの指摘がなされてきた。そのような -タの例を，先行研究から次に挙げてみる。

（8）　この椅子は先刻からここにあ r《っ》-た。　　（三上 1953:222）
（9）　あ，ここにあ r《っ》-た，長いこと探していたナイフが。（三上 1953:224）
（10）　7 分の 1 は循環小数だったね？　　（三上 1953:226）

（9）（10）は，寺村（1984:105–113）が「叙想的テンス」と呼んでいる -タの用法に該当するものである。また，（11）（12）を見られたい。

（11）　別れた彼って背が高かったのよね。　　（八亀 2008:84）
（12）　きのう私に道を尋ねて来た人は，外国人でした。

これらも，発話時にはもはや外界に存在しない事態を静的述語が描いているとはいえまい。

従来特殊な用法とされてきた（8）–（10）の類をひとまずおいても，（11）（12）のような例は，日本語の静的述語のテンスが，描かれている外的事態の時と発話時との関係によって決まるのではないことを示している。

3. 2　静的述語のテンスと観察可能時

（7）（11）（12）の現象は，（13）の仮説によって説明されると考える。

（13）　日本語の静的述語のテンスは，話者が実際に，または想定の中で，述語が描く外界の事態を観察する（外的事態についての直接情報を五感によって取得する）その時，すなわち観察可能時と，発話時との関係によって決定する。

この観察可能時が命題の時，すなわち話者の意識の中にある事柄（言表事態）の時である。外的事態は命題の源泉ではあるが，述語は常に，命題を言表することを通して外的事態を（不完全に）描いている[7]。(11)(12)について，もしも，-タを伴う静的述語「(背が)高かった」「外国人でした」が，発話時にはもはや外界に存在しない事態を描いているとすれば，事態が変化した（背が低くなった／1日のうちに帰化した），あるいは事態の主が死亡したと解釈しなければならないが，いずれも現実的でない。このような例は，外的事態は発話時においても存在するが，その事態についての直接情報を発話時において取得することを話者が想定できないために，観察可能時が発話時以前となり，述語が-タを伴っているものと解される。

上のことを図示すると，図2のようになる。

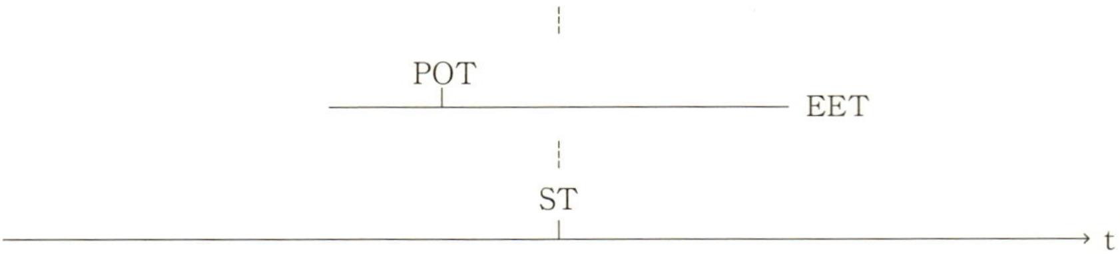

(POT＜ST→ -タ)
EET（External Event Time）：外的事態時
POT（Possible Observation Time）：観察可能時

図2　例（11）(12)

(11)(12) の場合，発話時において事態主が消息不明，あるいは話者が外的事態についての直接情報を取得する意思をもっていない。これらの述語が-非タを伴うと，観察可能時が発話時と同時であると解釈されて，「未練があるように聞こえ」（八亀 2008:84）たり（(11')），話者が事態主と特別な関係にあるように受け取られたり（(12')）する。

(11')　?別れた彼って背が高いのよね。
(12')　?きのう私に道を尋ねて来た人は，外国人です。

(13) により，日本語の静的述語は基本的に，述語が描く外的事態の観察可能時が発話時に対して，以前であれば -タを伴い，同時または以後であれば -非タを伴うと記述することができる。例えば (7) について図示すると，図 3 のようになる。

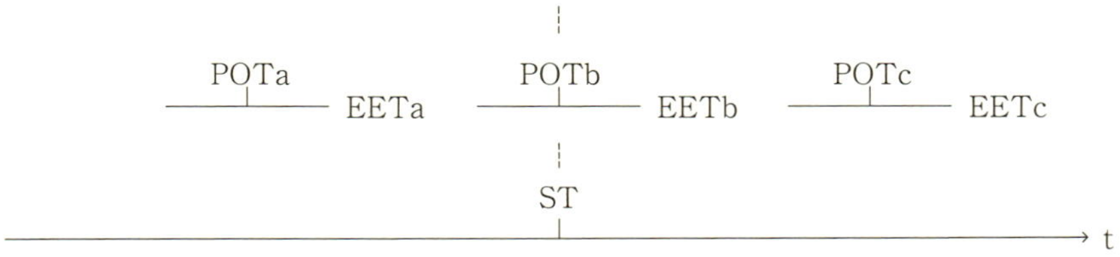

((7a)：POTa<ST→-タ)
((7b)：ST=POTb→-非タ)
((7c)：ST<POTc→-非タ)

図 3　例 (7)

まず，POT<ST のとき静的述語は -タを伴う。EET<ST の場合 ((7a)) があるのはもちろんのこと，ST⊂EET の場合 ((11)(12)) もあり，EET<ST か ST⊂EET か不明の場合 ((14)) もある。

(14)　旅先で出会った人は独身 {だった／*だ}。

(7a)(11)(12)(14) から，EET<ST は，静的述語が -タを伴うための十分条件ではあるけれども，必要条件ではないということがわかる[8]。

次に，ST＝POT のとき静的述語は -非タを伴う[9]。この場合は必然的に ST⊂EET である ((7b)(15))。

(15)　――あなたの別れた彼だという A さんを探しています。この人ですか？〔不鮮明な写真を指差して〕
　――いえ，彼はもっと背が高 {?かった／い} と思います。

(11) と (15) からわかるように，ST⊂EET が成り立つとき，POT＜ST ととらえられるか，ST＝POT ととらえられるかは，話者の立場によって決まる。同一の事態について両様のとらえ方が可能な場合もある[10)]。(16) を見られたい。

(16)　――あなたは，松の間を 15 時 30 分頃に出た。その後何者かが，あの部屋に入った。部屋を出る時，何か気になることはありませんでしたか？　……または，誰かとすれ違うようなこと，ありませんでしたか？
　――物陰に一瞬，人影が見えました。
　――それは，男ですか？　女でしたか？
(テレビ東京制作ドラマ「誤差」[11)])

最後に，ST＜POT のとき静的述語は -非タを伴う。ST＜EET の場合 ((7c)) があるのはもちろんのこと，ST⊂EET の場合 ((17)) もあり，ST＜EET か ST⊂EET か不明の場合 ((18)) もある。

(17)　あした初めて A 教授に会う。怖い人 {*だった／-φ-} かな。
(18)　君が家に帰ったら，きっと手紙が届いてい {*た／る} よ。

3. 3　テンスの対象の原則と例外

-非タを伴う静的述語には，時間を超越した外的事態を描く用法があるとされている。(19)-(21) を見られたい。

(19)　7 分の 1 は循環小数だ。
(20)　葛城山は六甲山より高い。
(21)　ジャワ島は南半球にあ r-*u*《る》。

(19)-(21) のような -非タを伴う静的述語は，外的事態を時間軸の上に位置づけることはせず，単に，ある対象がもつ属性を描くものであるといわれる。

(19)-(21) の述語は，いずれも恒常的に存在する（事態の主が世界に存在するかぎり存在し続ける）外界の事態を描いており，外的事態についての直接情報（これらの場合は一般的知識，すなわち外的事態を体験しなくても取得可能）を話者がどの時に取得することをも想定できる。つまり，話者は外的事態をいつ観察してもよい。このとき，観察可能時が発話時と同時であることはいうまでもないが，また一方で，観察可能時は発話時以前であっても，発話時以後であってもよいことになる。もっとも，観察可能時が発話時以後である場合は，観察可能時が発話時と同時である場合と同じく，述語は -非タを伴うので，形態上の問題は起こらない。それに対して，観察可能時が発話時以前である場合は，述語は -タを伴わなければならないから，発話時と同時の観察可能時をテンスの対象とするか，あるいは発話時以前の観察可能時を対象とするかは，形態上の問題を引き起こすわけである。

しかし，上のような場合，(19)-(21) の述語が -非タを伴っていることからわかるように，通常は，発話時と同時の観察可能時がテンスの対象になるのであって，発話時以前の観察可能時が対象になるのではない。これを言い換えれば，(22) の原則が得られるであろう。

(22)　静的述語が描く外的事態の観察可能時が，発話時に対して以前でも同時でもある場合，発話時と同時の観察可能時がテンスの対象となり，述語は -非タを伴う。

(22) の対偶として，述語が -タを伴っている場合は，観察可能時は発話時と同時ではなく，発話時以前ということになる。つまり，述語が -タを伴っているなら，外的事態が発話時において存在するか否かと関わりなく，外的事態についての直接情報を発話時において取得することを話者は想定できないのである（(7a)(11)(12)(14)）。

ところが，(19)-(21) の述語が -タを伴った (23)-(25) のような例が，実際には用いられることがある。

(23)　7分の1は循環小数だったね？（＝(10)）
(24)　そういえば，葛城山は六甲山より高かったな。
(25)　調べてみると，ジャワ島は南半球にあr《っ》-たよ。

(23)–(25)の-タは，いわゆる叙想的テンスの用法に該当する。ここまでの議論から，叙想的テンスとは，(22)の原則の例外として，観察可能時が発話時と同時であるにもかかわらず静的述語が-タを伴う現象なのではないかと予測される。

3.4　いわゆる叙想的テンス

3.4.1　益岡（2000:23–37）は，-タを伴う述語の，過去の外的事態を描いているとはいえない用法を，寺村（1984:105–113）に従って「叙想的テンス」と呼び，先行研究に基づいて，叙想的テンスを(26)の6種に分類している。

(26) a．発見：例「ああ，こんな所にあr《っ》-た」
　　b．想起：例「そうだ，あしたは休みだった」
　　c．確認：例「君はたしか岡山の出身だったね」
　　d．命令：例「さあ，行k《っ》-た，行k《っ》-た」
　　e．判断の内容の仮想：例「早く帰r《っ》-たほうがいいよ」
　　f．反事実性：例「僕に財産があr《っ》-たなら，何でも買ってあげられるのに」

ここでは(26a–c)の用法を取り上げる。(26d, e)は動的述語の例[12]，(26f)は事実に反する外的事態を描く用法（しかも従属節の述語の例）なので，考察の対象としない。

さて，益岡（2000）は，(26a–c)の-タの用法には共通点が認められるとして，(27)のように述べている。

(27)　問題の三つの用法〔発見，想起，確認〕はいずれも，客観的な観点からすれば，現在時または未来時に成り立つ何らかの状態的事態を表すものである。ここで，もう一度それぞれの用法の代表的な例を挙げてみよう。

(47)　あ，やっぱりここにあった。

(48)　そうか，明日は駅伝があったんだ。

(49)　君のお父さんはお医者さんだったね。

これらの表現は，客観的には，現在または未来の状態を表していることは確かである。したがって，テンスの基本的原則から言えば，いわゆる（「タ形」に対する）「ル形」が使われるはずのものである。

(50)　あ，やっぱりここにある。

(51)　そうか，明日は駅伝があるんだ。

(52)　君のお父さんはお医者さんだね。

それにもかかわらず，(47)～(49) ではタが使われているのである。その理由は，既に述べたように，過去の時点に存在していた状況に焦点を当てたいからである。過去時に言及するにはタの使用が必要となるわけである。

ここで注意すべきは，(47)～(49) のような表現においてはタを使用しても，過去の状態を表すことにはならないことが保証されているという点である。すなわち，<u>これらの表現については，描かれている内容からそれらの事態が現在または未来において成り立つ事柄であるということが明らかなわけである。このような保証があるからこそ，タを用いて過去時に焦点を当てることが許されるのである</u>。

（益岡 2000:31–32，下線筆者）

(27) の下線部の指摘は，叙想的テンスの問題について考える際に，特に重要な点の一つであると思われる。

3.4.2　先の (22) の原則は，(19)-(21) のような例に限らず，すべての静的述語に適用されるものであろう。静的述語が描く外的事態には，どの観察可能時においても同一の静止画的直接情報の取得が想定されるという，「金太郎飴的」情報特徴が認められる[13)]（ただし，外的事態時に含まれるあらゆる時点での観察を想定できるとは限らない)。このことを図示すると，図4のようになる。

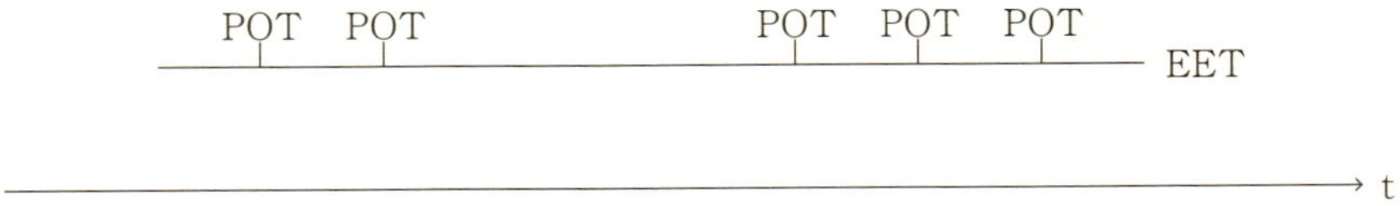

図4　静的述語が描く外的事態と観察可能時

通常は，(22) の原則がはたらいているので，観察可能時が発話時と同時である場合は，述語は -非タを伴い，その対偶として，述語が -タを伴っているなら，観察可能時は発話時と同時ではない。ところが，(27) の下線部にあるように，観察可能時が発話時と同時[14)]であることが文脈から明らかな発話状況の下では，(22) の原則の例外として，発話時以前の観察可能時がテンスの対象とされ，述語が -タを伴うことがある。これがすなわち叙想的テンスと呼ばれる現象であると考えられる[15)]。

静的述語における叙想的テンスとしての -タは，観察可能時が発話時と同時であるという前提の下に，発話時以前のある特定の観察可能時に焦点を当てるために用いられるものであるといえよう。そのための発話状況，すなわち叙想的テンスの出現条件については，第3章で詳述する。

3.4.3　日本語の -タを伴う述語は，未来の外的事態を描くこともあるといわれる。(28)-(30) を見られたい。

(28)　そうだ，あしたは休みだった。(＝(26b))

(29)　あしたは忙しかった。

(30)　あしたは会議があr《っ》-た。

このような例に基づいて，金水（2002）は「動詞以外の静的な述語なら，だいたい未来の「た」が使える」としている。しかしながら，筆者の判定では，(31)−(33) の -タは静的述語においても不自然である。

(31)　?あしたは工事でうるさかった。
(32)　?そうだ，来月は金があr《っ》-た。
(33)　?あしたはその時間，図書館で勉強していた。

(28)−(30) の類の -タが安定するのは，述語が (34a–d) のいずれかを核とする場合に限られるようである。

(34) a．{名詞的形容詞／名詞} またはその相当句
　　b．一部の形容詞（忙シイ等）
　　c．（出来事〈会議，試合，催事等〉ガ）アル
　　d．（時間，暇，休ミ，祝日，閏日等ガ）アル

これを見ると，いわゆる未来の -タの用法は静的述語一般に認められるものとはいいがたく，(28)−(30) の述語が描いている外的事態の観察可能時を発話時以後と解釈するのはためらわれる。それよりも，静的述語の核をなしうる語類の一部（(34)）には，発話時において存在する何らかの予定表の上で，未来の年月日等を特徴づけるはたらきがあると考える方が適当ではなかろうか。その場合，観察可能時が発話時と同時であるという前提が生じ，(28)−(30) のような -タの例は，(23) (24) (26c) などの例と同様に，叙想的テンスの一用法と解釈することができる。ただし，用例の適格性の判定には個人差もあるようなので，更なる検討を要する。

なお，-ノダという形式を伴うと，動的述語も含めたあらゆる種類の述語について，未来の -タを用いうるかに見える。(35)−(38) を見られたい。

(35)　あしたは工事でうるさいんだった。

(36)　そうだ，来月は金があるんだった。
(37)　あしたはその時間，図書館で勉強しているんだった。
(38)　あしたは彼と｛*会w《つ》-た／会うんだった｝。〔/あ w-/：動的述語核〕

しかし，第6章で論じるように，-ノダは不明な要素を含む何らかの前提の下で叙述文の内容が適切と見られることを表すものであり，メタ言語に相当する形式と考えられる。これに従えば，(35)−(38) の文の構造は，それぞれ (35')−(38') のようにとらえられよう。

(35')　［あしたは工事でうるさい］んだった。
(36')　そうだ，［来月は金がある］んだった。
(37')　［あしたはその時間，図書館で勉強している］んだった。
(38')　［あしたは彼と会う］んだった。

叙述文の内容は未来の事柄でも，メタ言語の -ノダが描く叙述文の内容の適切性は発話時において存在する外的事態であるから，その観察可能時は発話時と同時であってよいことになる。したがって，(35)−(38) のような -ノダに後接する -タもまた，(23)(24)(26c) などの -タと同様に，叙想的テンスの一用法にあたるものと解釈される。

4. 動的述語のテンス

日本語では，動的述語における -タと -非タの対立に関して，(39) のような現象が認められる。

(39) a．花子はきのう私の家に来｛ました／*ます｝。(＝(4a))
　　 b．花子はあした私の家に来｛*ました／ます｝。(＝(4b))

-タと -非タの対立はやはり発話時を基準としている。静的述語と動的述語の相違は，-非タを伴った場合に，発話時において存在する（現在の）外的事態を描きうるか，描きえないかにある[16)]。(40) を見られたい。

(40) a. *花子は現在私の家に来ます。
b. 花子は現在私の家に来ています。〔「来ています」: 静的述語。cf. (5e)〕

第3節においては，日本語の静的述語のテンスについて論じ，さまざまな現象を説明するための仮説を提示した。それをあらためて示すと，(41) のとおりである。

(41)　日本語の静的述語のテンスは，話者が実際に，または想定の中で，述語が描く外界の事態を観察する（外的事態についての直接情報を五感によって取得する）その時，すなわち観察可能時と，発話時との関係によって決定する。(＝(13))

筆者は，(41) の仮説は静的述語だけでなく，動的述語にも適用されるものと考える。話者の意識の中にある命題を言表することを通して外的事態を描くという（言語の）特徴は，静的述語と動的述語に共通するはずである。静的述語と動的述語のテンスに関わる相違は，それぞれが描く外的事態についての直接情報の性質が異なることから来ると見られる。(39)(40) の現象は，(42) の仮説によって説明されよう。

(42) a. 静的述語は，それが描く外的事態についての直接情報が時間的な長さを要しない（静止画として得られる）述語である。
b. 動的述語は，それが描く外的事態についての直接情報が時間的な長さを要する（動画として得られる）述語である。

静的述語の場合，話者は述語が描く外的事態を，そのごく一部であれ，実際に，または想定の中で観察すればよく，外的事態の一部についての直接情報は時間的な長さを要しない。その結果，観察可能時は時間軸上に長さをもたない「点」となり，時間軸上を移動し続ける「点」である発話時と一致しうる（図3）。また，外的事態時の中のあらゆる時点が観察可能時であるとは限らない（図4）。

これに対して動的述語の場合，話者は基本的に，述語が描く外的事態の全部を，実際に，または想定の中で観察しなければならない。そして，どのような外的事態にも時間的な長さがあるため，外的事態の全部についての直接情報も時間的な長さを要する。その結果，観察可能時は時間軸上に一定の長さをもつ「線」となり，外的事態時と一致する[17]。図5を見られたい[18]。

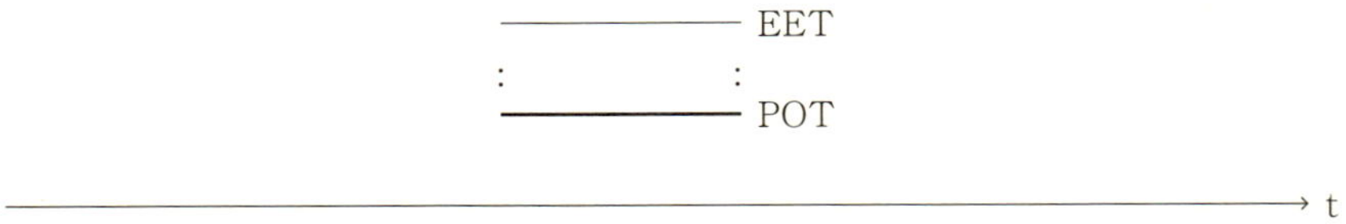

図5　動的述語が描く外的事態と観察可能時

動的述語の場合の観察可能時が「線」であるなら，観察可能時は，時間軸上を移動し続ける「点」である発話時とは一致しえない。述語が描く外的事態の観察可能時が発話時に対して，以前であれば-タを伴い，同時または以後であれば-非タを伴うという静的述語についての記述（3.2）は，動的述語にもあてはまる。例えば（39）について図示すると，図6のようになる。

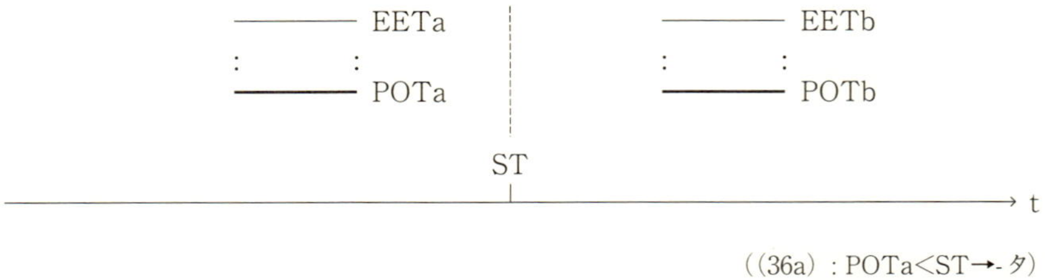

（(36a)：POTa＜ST→-タ）
（(36b)：ST＜POTb→-非タ）

図6　例（39）

-非タを伴う動的述語が通常，発話時において存在する外的事態を描きえず，発話時以後に存在する（未来の）外的事態を描くのは，観察可能時が発話時と同時になりえないことによる[19)]。発話時において存在する外的事態を動態動詞で描くためには，-テイル，-ツツアルなどの形式を用いて，静的述語の核を構成しなければならない（(40b)）。

5. 第１章のまとめ

本章で提示した仮説，および得られた規則をまとめると，(43)-(45) のとおりである。

(43) a．観察可能時とは，話者が実際に，または想定の中で，述語が描く外的事態を観察する（外的事態についての直接情報を取得する）時のことである。

b．日本語における主節の述語のテンスは，（述語が描く外的事態の時と発話時との関係によってではなく）述語が描く外的事態の観察可能時と発話時との関係によって決定する。すなわち，観察可能時が発話時より前であるとき，述語は -タを伴い，観察可能時が発話時と同時または発話時より後であるとき，述語は -非タを伴う。

(44) a．静的述語は，それが描く外的事態についての直接情報が時間的な長さを要しない（静止画として得られる）述語である。静的述語の場合，観察可能時は時間軸上に長さをもたない「点」となる。

b．動的述語は，それが描く外的事態についての直接情報が時間的な長さを要する（動画として得られる）述語である。動的述語の場合，観察可能時は時間軸上に一定の長さをもつ「線」となる。

(45)　静的述語が描く外的事態の観察可能時が，発話時に対して以前でも同時でもある場合，発話時と同時の観察可能時がテンスの対象となり，述語は -非タを伴う。この原則の例外として，観察可能時が発話時と同時であるにもかかわらず静的述語が -タを伴う現象が，いわゆる叙想的テンスである。

本書では，静的述語が言表する命題を「状態」と呼び，動的述語が言表する命題を「運動」と呼ぶ。命題が状態であることは，述語が描く外的事態の観察可能時が時間軸上の「点」であることと同義であり，命題が運動であることは，述語が描く外的事態の観察可能時が時間軸上の「線」であることと同義である。静的述語は外界の事態を状態ととらえて描き，動的述語は外界の事態を運動ととらえて描く，ということができよう。上のような観察可能時の概念は，確言（叙法の一つ）が用いられるための必要条件について第2章で論じる際にも重要となる。

注

1)　(1)(2) では，従属節の命題（3.2）「もう少し手当てが遅-」「けがをしていな-」を将来，聞き手が真と認めたときにはじめて，主節の発話が妥当となるが（第8章5.1），それらの命題の源泉にあたる外的事態が事実に反するため，命題が真と認められることはない。したがって，主節の発話が妥当となることはなく，主節の述語が描く外的事態は事実ではありえない。現実世界に存在せず，話者の仮想世界に存在する外的事態を描く述語の例としては，(i)(ii) のようなものも挙げられる。

　(i)　よし，これで勝t《つ》-た！　（大木 2017:326）

　(ii)　これで間違いなくあいつは死n《ん》-た《だ》。　（大木 2017:326）

　ただし，(1)(2) の述語が事実に反する外的事態を描いているのと異なり，(i)(ii) の述語は（まだ事実ではないが）未来において確実に生起すると話者が考える外的事態を描いている。

2)　(3b) の「いた」が言えるとすれば，それはいわゆる叙想的テンスの用法である（3.4，第3章）。

3)　-タと -非タの意味の対立をテンスではなく，特定の基準時をもたない完了／未完了と見る立場もある。しかし，仮に -タ／-非タが発話時との前後関係のない完了／未完了であるとすれば，(i)(ii) は適格と予測されるにもかかわらず，実際にはいずれも非文法的である。

（i）　*あしたの午後2時には，もう東京に着《い》k-た（だろう）。〔cf.「着いている(だろう)」。工藤（1995:97)〕

（ii）　*おとといの朝は，午後に客が来る。〔cf.「来ることになっていた」〕

この事実から，少なくとも主節述語における-タ／-非タについては，「完了／未完了」説は否定される。

4)　概言（第2章3）の文では，存在すると想定されている。

5)　(5b）の静態動詞の一部，および（5c）の「動詞＋-e ル」には，動的述語の核を成す用法もある。（i）を見られたい。

（i）　そうすれば {見える／聞こえる／分か《る》*r*-u／できる／泳《げ》*g*-*e*-る／見られる} よ。

なお，(5e）の-テイル，-テアル，-ツツアルはアスペクトの形式であり，特に，動態動詞が-テイルを伴う形を既然相，伴わない形を完成相と呼ぶ（補章1)。

6)　静的述語・動的述語ともに，個別・特定の外的事態でなく，くりかえし生起する非特定の外的事態の群れを描く場合がある（補章1.4)。

（i）　花子は {当時／その頃} {よく／ときどき} 雪子と一緒にい-た。

（ii）　花子は {*現在／最近／この頃} {よく／ときどき} 雪子と一緒にい-る。

（iii）　花子は {当時／その頃} {よく／ときどき} 私の家に来-た。

（iv）　花子は {*現在／最近／この頃} {よく／ときどき} 私の家に来-る。

-非タを伴う動的述語がそのような外的事態群を描く場合（(iv)），外的事態群は発話時において存在すると見ることもできる。ただしその場合のテンスの基準時は，「現在」が表す，時間軸上を移動し続ける「点」すなわち発話時（図1）ではなく，「最近」「この頃」等が表す，発話時を含む期間へと拡張されている。また，(v)–(viii) を見られたい。

（v）　(?現在) ひんやりす-る／いらいらす-る。

（vi）　(?現在) {変なにおい／妙な味／嫌な予感} がす-る。

（vii）　(?現在) 彼は成功すると思《う》 *w*-*u*。

（viii）　(?現在) 私はそう考え-る。

筆者の見解では，(v)–(viii) の-非タを伴う述語は，感覚あるいは思考を表す動態動詞を核とする動的述語であり，話者が自らの感覚，思考に意識を向けるたびに外的事態が生起するため，述語はそれらの外的事態の群れを描く結果となっている。副詞類「現在」とは共起しにくい。

7)　外的事態が（現実世界にも，現実と想定される世界にも，話者の仮想世界にも，虚構世界にも）存在しなければ命題は存在しえないが，命題が存在しないとき，外的事態が存在しないとは限らない。なお，数学で扱われるような抽象概念も，想定の中では観察されうるものと考える。

8)　英語においても，（i）（ii）では動詞の過去形が選択される。

（i）　My ex-boyfriend *was* tall.

（ii）　The animal you saw *was* a chipmunk : see, there he is running up a tree.　(Lakoff 1970:839)

9)　ST=POT ととらえられるためには，ST が最終に近い POT であってはならない。すなわち，ST の後にも多くの POT が存在しなければならない。これは，ST が時間軸上を移動し続ける「点」であることによると考えられる。ST が最終に近い POT である場合は，POT＜ST ととらえられるようである。

（i）　いい人生 {だった／?だ}。〔自分の死を覚悟して〕

（ii）　以上，お昼のニュース {でした／*です}。

10)　発話時が外的事態時に含まれるが，発話時において外的事態を話者の五感でとらえることはできないという場合（益岡 2008 の「属性叙述」）に，話者が発話時において事態を観察することを想定するか否かは，話者（(16)のような質問文の場合は，尋ねられた聞き手）が発話時以後に（も）事態を実際に観察する可能性があると，話者（自身）がとらえているか否かによるものと思われる。

（i）　初めてハワイに行ってきました。いい所 {でした／です} よ。

（ii）　今年もハワイに行ってきました。いい所 {*でした／です} よ。

話者が二度とハワイに行くことはないと思うときは -タが選ばれ，また行く可能性があると思うときは -非タが選ばれる。

11)　松本清張没後 25 年特別企画，2017 年 5 月 10 日放映。ただし該当する場面は松本清張作「誤差」に存在しない。

12)　-タは一般に，中古語の -タリの「連体形」と呼ばれる「(-i)たる」に由来するが，(26d) の用法の -タは，-タリの「終止形」と呼ばれる「(-i)たり」に遡る。既に -タが広まった江戸時代においても，(26d) の用法にあたる例は「た」と「たり」の両形をもつ。

（i）　サア〜帰《けへ》r《っ》-た〜　（浮世風呂・前編下）

（ii）　気《き》障《ざつ》気《け》な〔いやらしい〕話は止《やめ》たり～　　　（浮世床・初編上）

（26d）の -タと他の用法の -タとは同形の別語と見なされる。

13)　金水（2001）が提示した「部分的期間の定理」，すなわち「発話時現在を含むことによってアルを適切とする状態があるとき，その状態の継続期間のうち，発話時現在以前の部分を取り出すことによって，必ずアッタも適切となる」（金水 2001:66）を解釈し直すと，このようになるものと考える（第 3 章 2.1）。

14)　観察可能時が発話時以後であるように見える場合（(26b)）については，3.4.3 を参照されたい。

15)　（i）のような例は，叙想的テンスの用法には数えられないことが多いけれども，それに含めてよいものと見られる（第 3 章 3.2.1）。

（i）　この椅子は先刻からここにあ r《っ》-た。（=（8））

（i）では，話者が発話時において観察しうる外的事態を述語が描いているにもかかわらず，過去の時を表す名詞類を含む「先刻から」の使用により，テンスの対象が発話時以前の観察可能時に固定されている（固定されない場合もある。第 3 章注 4）。

16)　静的述語が -非タを伴って，恒常的に存在する外的事態を描く場合，外的事態は当然発話時においても存在するが，述語は副詞類「現在」と共起しない。

（i）　*ポチは現在秋田犬だ。

（ii）　*ジャワ島は現在南半球にあ r《る》-*u*。

17)　「ふと見ると」「気が付くと」などの副詞類は，話者が外的事態を実際に観察したこと，およびその観察に時間的な長さがなかったことを表すが，これらの副詞類は動的述語と共起しない。

（i）　{ふと見ると／気が付くと} 花子が {*来た／来ていた}。

上の現象は（42b）を補強する。ただし，一定の条件の下で（第 2 章 4.2.1.2），動的述語が描く外的事態の観察可能時が外的事態時と一致しない場合もある。

（ii）　あっ，笑 w《っ》-た。ほら笑ってるよ。〔赤ん坊をあやしていて〕

（iii）　よし，回 r《っ》-た。回ってるぞ。〔止まったエンジンを修理していて〕

（ii）（iii）では，動的述語が描く外的事態が発話時において存在するにもかかわらず，述語が -タを伴っている。これらの例は，動的述語のテンスの対象が外的事態時そのものではないことを示している。

なお，「3 時（ちょうど）に（は）」のような副詞類は，必ずしも観察可能時に時間的な長さがないことを表さず，観察可能時が概ね 1 分間以内に収まるなら共起しうる（(iv)–(vii)）。

（iv）　彼は3時に家に来た。　（須田 2010:19）

（v）　私は3時（ちょうど）に薬をのんだ。

（vi）　私は3時（ちょうど）に10km ｛*走った／走り終えた｝。

（vii）　私は3時（ちょうど）に英語を ｛?勉強した／勉強し始めた｝。

18）　いわゆる不完成相（Imperfective）の動詞は静的述語に属し，完成相（Perfective）の動詞は動的述語にあたる。従来，不完成相は事態を線的にとらえ，完成相は事態を点的にとらえるとされてきたけれども，静的述語の場合と動的述語の場合の観察可能時については逆である（図4）。

19）　発話行為にも一定の時間が物理的には必要であり，それによって発話時を時間軸上の「線」ととらえるならば，動的述語が描く外的事態の観察可能時も発話時と一致しうるので，その場合，-非タを伴う動的述語が例外的に，発話時において存在する外的事態を描くことになる（補章 1.3.1）。高橋（1985:157–160）によれば，次の3種の場合がある。

（i）「成立時を予測できる瞬間的な動作の成立」

・ピッチャーが取って，一塁の吉村に送 r-*i*《り》ます。

・伊三郎軍配を返 s-*i*《し》ます。

（ii）「自分の瞬間的な動作と同時の発言」

・これをここに，こう入れます。〔手品で〕

・一円ここへお k-*i*《き》ますよ。

（iii）「行為の実現となる発言」

・あとを万事おねがいする。

・和賀英良に対し，逮捕状を請求致 s-*i*《し》ます。

（i）はスポーツの実況放送などでよく聞かれる。（iii）はいわゆる遂行的動詞による表現である。なお，発話の結果として動的述語が描く外的事態が生起する場合は，発話の終了時点が発話時ととらえられ，動的述語は -タを伴う（非丁寧体に限られる）。

（iv）　よし，買 w-《つ》た！〔発話の結果として売買契約が成立。cf.「*買 w-*i*《い》ました」〕　（大木 2017:328）

（v）　ええい，やめた！〔発話の結果として何事かの継続を放棄。cf.「*やめました」〕　（大木 2017:328）

参照文献

金水敏（2001）「テンスと情報」音声文法研究会（編）『文法と音声 III』pp.55–79，くろしお出版。

金水敏（2002）「存在・出来事と情報」第2回神戸市外国語大学日本語研究コロキアム発表要旨。

工藤真由美（1995）『アスペクト・テンス体系とテクスト：現代日本語の時間の表現』ひつじ書房。

Lakoff, Robin（1970）"Tense and its Relation to Participants," *Language*, 46（4）, pp.838–849, the Linguistic Society of America.

益岡隆志（2000）『日本語文法の諸相』くろしお出版。

益岡隆志（2008）「叙述類型論に向けて」益岡隆志（編）『叙述類型論』pp.3–18，くろしお出版。

三上章（1953）『現代語法序説：シンタクスの試み』くろしお出版復刊（1999）。

大木一夫（2017）『文論序説』ひつじ書房。

須田義治（2010）『現代日本語のアスペクト論：形態論的なカテゴリーと構文論的なカテゴリーの理論』ひつじ書房。

高橋太郎（1985）『現代日本語動詞のアスペクトとテンス』国立国語研究所報告82，秀英出版。

寺村秀夫（1984）『日本語のシンタクスと意味 II』くろしお出版。

八亀裕美（2008）『日本語形容詞の記述的研究：類型論的視点から』明治書院。

出典

「浮世風呂」は新日本古典文学大系（岩波書店）に，「浮世床」は新編日本古典文学全集（小学館）に依拠した。

第２章　主節述語の叙法—確言のための必要条件—

1. はじめに

本章では，現代日本語における主節の述語の叙法について論じ，叙法の一つである確言が用いられるための必要条件を明らかにする。

2. 問題の所在

主節の述語の叙法が確言である日本語の文のなかには，対話においては不自然なものがある。（１）-（８）を見られたい。

（１）　——太郎はきのうどこにいましたか？
　　——?おとといの打合せで，きのうは家にいることになっていましたから，家にいました。
（２）　?私の母は結婚する前，事務員でした。
（３）　?およそ１億年前，この山は海底にあr-i《り》ました。
（４）　?その老人は子供の頃ここに来ました。
（５）　?織田信長は天正年間にその城を建てました。
（６）　?太郎はきのう７時間眠r-i《り》ました。
（７）　——太郎は現在どこにいますか？
　　——?きのうの打合せで，現在は家にいることになっていますから，家にいます。
（８）　?宇宙のどこかで，知的生命体が地球との交信を試みています。

また，（９）（10）のような確言の文も不自然である。

（9）　?絶対に外へ出るなと言い聞かせておきましたから，太郎はあした家にいます。

（10）　?あしたは晴れます。

一方，(11)-(20) のような確言の文は適格である。

（11）　太郎はきのう，私が訪ねた時，家にいました。

（12）　太郎はきのうここに来ました。

（13）　太郎は去年家を建てました。

（14）　私はきのう７時間眠r《り》-*i* ました。

（15）　太郎は一瞬眠r《り》-*i* ました。

（16）　太郎はさっき帰って来て，現在家にいます。

（17）　当研究所のSETI計画では，宇宙のどこかにいると考えられる知的生命体との交信を試みています。

（18）　私はあした家にいます。

（19）　予定では，太郎はあした家にいます。

（20）　あっ，荷物が落ちる。

(1)-(10) の主節述語の叙法を概言に変えると，(1')-(10') のように適格な文になる。

（1'）　――太郎はきのうどこにいましたか？

　　――おとといの打合せで，きのうは家にいることになっていましたから，家にいたでしょう。

（2'）　私の母は結婚する前，事務員だったそうです。

（3'）　およそ１億年前，この山は海底にあr《っ》-たようです。

（4'）　その老人は子供の頃ここに来たそうです。

（5'）　織田信長は天正年間にその城を建てたようです。

（6'）　太郎はきのう７時間眠r《っ》-たそうです。

（7'）太郎は現在どこにいますか？　——きのうの打合せで，現在は家にいることになっていますから，家にいるでしょう。

（8'）宇宙のどこかで，知的生命体が地球との交信を試みているかもしれません。

（9'）絶対に外へ出るなと言い聞かせておきましたから，太郎はあした家にいるでしょう。

（10'）あしたは晴れるでしょう。

本章では，（1）-（20）および（1'）-（10'）の現象と，それに関わる問題について考察する。

3. 現代日本語の叙法

叙法とは，外的事態を描き取った命題（言表事態）の真実性を話者がどのようにとらえて文を述べるかによって，異なる言語形式が体系的に選択されるとき，対立するそれらの形式の文法的意味から成る文法カテゴリを指して言う。現代日本語の叙法形式は述語の（厳密には節の）末尾に現れる。主節の述語に現れる叙法形式は表１のとおりである。

†を付した異形態は文語的あるいは方言的。

※*-マス（*/-iまs-/～*/-まs-/～*/-でs-/）という形式は立てない。「*～まさない」「*～まそう」「*～でそう」等を非文法的と説明するための規則がきわめて煩雑になる。

※※「*{静か／子供}{だかもしれない／だらしい}」といった形は認められない。「だ」が消去されて「{静か／子供}{-φ-かもしれない／-φ-らしい}」のようになる。

※※※-タの丁寧体を用いた「～ましたでしょうか」という表現は認められる。

※※※※-非タの丁寧体を用いた「～ますでしょうか」「～ません-φ-でしょうか」という表現は認められる。なお，「*{静か／子供}{だかもしれません／だらしいです}」といった形は認められない。「だ」が消去されて「{静か／子供}{-φ-かもしれません／-φ-らしいです}」のようになる。

表1　現代日本語の主節述語に現れる叙法形式

叙法・文体 ＼ テンス			過去		非過去	
叙述	確言	非丁寧体	-タ:	/-た/~/-かった/~/-だった/~/-†であった/	-非タ:	/-u/~/-る/~/-い/~/-だ/~/-†である/
叙述	確言	丁寧体	-タ:	/-iました/~/-ました/~/-かったです/~/-でした/~/-†でありました/	-非タ:	/-iます/~/-ます/~/-いです/~/-です/~/-†であります/~/-φ/
叙述	概言	非丁寧体	-タロウ:	/-†たろう/~/-†かったろう/~/-†だったろう/~/-†であったろう/	-ウ:	/-†oう/~/-†よう/~/-†かろう/~/-だろう/~/-†であろう/
叙述	概言	非丁寧体	-タ(非丁寧体)+{-ダロウ／-カモシレナイ／-ラシイ／-ソウダ／…}		-非タ(非丁寧体)+{-ダロウ／-カモシレナイ／-ラシイ／-ソウダ／…}※	
叙述	概言	丁寧体	-タロウ:	/-†iましたろう/~/-†ましたろう/~/-†でしたろう/~/-†でありましたろう/	-ウ:	/-†iましょう/~/-†ましょう/~/-でしょう/~/-†でありましょう/
叙述	概言	丁寧体	-タ(非丁寧体)+{-デショウ／-カモシレマセン／-ラシイデス／-ソウデス／…}※※		-非タ(非丁寧体)+{-デショウ／-カモシレマセン／-ラシイデス／-ソウデス／…}※※※	
意向表明/勧誘		非丁寧体	——		-ウ:	/-oう/~/-よう/
意向表明/勧誘		丁寧体	——		-ウ:	/-iましょう/~/-ましょう/
希求		非丁寧体	——		-ロ:	/-e/~/-ろ/~/-†よ/~/-い/~/-φ/
希求		丁寧体	——		-ロ:	/-iなさい/~/-なさい/~/-†ませ/
禁止		非丁寧体	——		-ナ:	/-uな/~/-るな/
禁止		丁寧体	——		-ナ:	/-†iなさんな/~/-†なさんな/~/-†ますな/

表 1 の叙法のうち，意向表明／勧誘 -ウ（「泳 g《ご》-*o* う」「居よう」；「泳 g《ぎ》-*i* ましょう」「居ましょう」），希求 -ロ（「泳 g《げ》-*e*」「居ろ」「説明せよ」「来い」「くれ-*φ*」；「泳 g《ぎ》-*i* なさい」「居なさい」「なさいませ」），禁止 -ナ（「泳 g《ぐ》-*u* な」「居るな」；「泳 g《ぎ》-*i* なさんな」「居なさんな」「なさいますな」）は，(1)−(20)，(1′)−(10′)の現象と関わりがない。

確言は，命題が 100 パーセントの蓋然性をもって真であると，話者が判断していることを示す叙法である。確言は裸の -タまたは裸の -非タによって表される（(11)−(20)）。確言の文が表す命題は，話者が有する確定した知識の中の事柄であるといえる。確言に対して概言は，命題が真である蓋然性は 100 パーセントではないと，話者が判断していることを示す叙法である[1)]。概言は主に，-タまたは -非タに -ダロウ，-カモシレナイ，-ラシイ，-ソウダ等のモダリティ（叙法類）形式が後接した形によって表される((1′)−(10′))。モダリティ形式を伴わない概言の形式は，非過去の，名詞的形容詞・名詞に後接する異形態「-だろう」「-でしょう」（モダリティ形式の -ダロウ，-デショウとは別語。(23c)(24b)）を除いて，現代共通語の口語においては廃れつつある。

(21) a . #太郎は家にいたろう。〔cf.「い-た-だろう」〕
　　b . #そんな余裕はなかったろう。〔cf.「な-かった-だろう」〕
　　c . #当時は寒村だったろう。〔cf.「寒村-だった-だろう」〕
(22) a . #太郎は家にいましたろう。〔cf.「い-た-でしょう」〕。
　　b . #当時は寒村でしたろう。〔cf.「寒村-だった-でしょう」〕
(23) a . #あしたは晴れよう。〔cf.「晴れ-る-だろう」〕。
　　b . #そんな余裕はなかろう。〔cf.「な-い-だろう」〕
　　c .　そこは寒村だろう。〔cf.「*寒村-だ-だろう」〕
(24) a . #あしたは晴れましょう。〔cf.「晴れ-る-でしょう」〕
　　b .　そこは寒村でしょう。〔cf.「*寒村-だ-でしょう」〕

また，主節の述語における -非タは，モダリティ形式を後接させず裸であっても，-レバ，-タラ，-ナラ等の形式がつくる条件節（第8章）を伴うか，キット，オソラク，タブン等の副詞類を伴うことによって，あるいは単に文脈によって（終助詞を伴う場合が多い），概言を表しうる。他方，主節の述語における -タは，モダリティ形式を後接させないかぎり，概言を表すことが難しい（高橋 1985:212，田野村 1990）。(25)-(28) を見られたい。

(25) a．（アノ風体カラスルト）あの男はきっとヤクザだ。

(田野村 1990:786)

b．（「山田はあす来るだろうか？」を受けて）多分来る。

(田野村 1990:787)

c．（「これで足りるだろうか」を受けて）いや，きっと足りない。

(田野村 1990:787)

(26) a．（アノ時ノ風体カラスルト）?あの男はきっとヤクザだった。〔cf.「ヤクザ-だった-にちがいない」〕　(田野村 1990:787)

b．（「山田はきのう来ただろうか？」を受けて）?多分来た。〔cf.「来-た-だろう」〕　(田野村 1990:787)

c．（「あれで足りただろうか」を受けて）いや，?きっと足りなかった。〔cf.「足り-な-かった-にちがいない」〕　(田野村 1990:787)

(27)　柳田さんが市長になれば，日暮市は神武不動産に牛耳られます

(仁田 2000:112)

(28)　それに，あなたはきっと私に飽きるわ。そんなに長く続かないわ

(仁田 2000:114)

4. 確言のための必要条件

4.1　第4節の構成

本節では，確言の文が用いられるための必要条件について，対話（話者と聞き手の立場が交替しながら進行する）の場合（4.2）と，「語り」の場合（4.3）とに分けて論じる。対話の場合の必要条件は，述語が描く外的事態の観察可

能時（第１章）が過去または現在の場合（4.2.1）と，未来の場合（4.2.2）とに分かれる。

4.2　対話における確言

4.2.1.1　本項では文の命題が状態（第１章5）である例について考察する。(1)-(3)(7)(8)(11)(16)(17) および (1')-(3')(7')(8') の現象は，(29) の仮説によって説明されると考える。

(29)　述語が描く外的事態の観察可能時が発話時より前（過去）または発話時と同時（現在）である場合，確言の文が用いられるための必要条件[2)]として，話者が当該事態を実際に観察していなければならない。すなわち，外的事態についての直接情報を実際に取得していなければならない。

述語が描く外的事態の観察可能時が過去または現在で，話者が問題なく確言の文を使用できるのは，当該事態についての直接情報を実際に取得している場合に限られる（(30)-(32)）[3)]。外的事態についての直接情報を実際には取得していない場合，日本語では基本的に概言の文しか用いることができない（(33)-(37)）[4)]。

(30)　太郎はきのう，私が訪ねた時，家にいました。(＝(11))

(31)　太郎はさっき帰って来て，現在家にいます。(＝(16))

(32)　当研究所のSETI計画では，宇宙のどこかにいると考えられる知的生命体との交信を試みています。(＝(17))

(33)　――太郎はきのうどこにいましたか？
　　――おとといの打合せで，きのうは家にいることになっていましたから，家にい {?ました／たでしょう}。(＝(1)/(1'))

(34)　私の母は結婚する前，事務員 {?でした／だったそうです}[5)]。(＝(2)/(2'))

(35)　およそ１億年前，この山は海底にあｒ{?-i《り》ました／-たようです}。〔あr-た＞あった〕（＝（３）/（3'））

(36)　——太郎は現在どこにいますか？

——きのうの打合せで，現在は家にいることになっていますから，家にい{?ます／るでしょう}。（＝（７）/（7'））

(37)　宇宙のどこかで，知的生命体が地球との交信を試みてい{?ます／るかもしれません}。（＝（８）/（8'））

もし，(36)(37) において裸の -非タ（「-ます」）が用いられるとすれば，それは確言を表すものではなく，文脈から概言を表すと解釈されるものである（第３節）。

(36')　——太郎は現在どこにいますか？

——きのうの打合せで，現在は家にいることになっていますから，（きっと）家にいますよ。

(37')　（たぶん）宇宙のどこかで，知的生命体が地球との交信を試みていますよ。

なお，述語が感情，感覚，思考といった人の内面を描く文の特徴も，(29) によって説明される。(38)-(43) を見られたい。

(38)　{a．私／b．?君／c．?彼} は {嬉しかった／友達が欲しかった／子供に会いたかった／背中が痒かった／そう思っていた}。

(39)　{a．私／b．?君／c．?彼} は {嬉しい／友達が欲しい／子供に会いたい／背中が痒い／そう思っている}。

(40)　彼は {嬉しかった／友達が欲しかった／子供に会いたかった／背中が痒かった／そう思っていた} {だろう／かもしれない／らしい／そうだ／…}。

(41)　彼は {嬉しい／友達が欲しい／子供に会いたい／背中が痒い／そう

思っている｝｛だろう／かもしれない／らしい／そうだ／…｝。

(42)　君は｛嬉しかった／友達が欲しかった／子供に会いたかった／背中が痒かった／そう思っていた｝か？

(43)　君は｛嬉しい／友達が欲しい／子供に会いたい／背中が痒い／そう思っている｝か？

話者が他者の内面についての直接情報を実際に取得することはできない。そのため，述語が他者の内面という外的事態を描く場合，確言の述べ立ての文（いわゆる平叙文）は不自然になる[6)]（(38b, c)(39b, c)）。他方，概言の文((40)(41))，あるいは聞き手の内面について聞き手に尋ねる文((42)(43))は適格でありうる。

4. 2. 1. 2　本項では文の命題が運動（第1章5）である例について考察する。(4)-(6)(12)(13)(15) および (4')-(6') の現象は，(29) の仮説に (44) の仮説が加わることによって説明されると考える。

(44) a．動的述語が描く外的事態が，動きに参与するもの（Jakobson 1973:154）の状態の変化を伴う場合，当該事態についての直接情報は，変化の前の場面と後の場面とを含んでいなければならない。

b．動的述語が描く外的事態が，動きに参与するものの状態の変化を伴わない場合，当該事態についての直接情報は，原則として，当該事態の全過程の場面を含んでいなければならない。

まず (44a) について検証する。(45a)(46a) では，話者は動きに参与するものの変化の前と変化の後（「太郎」が来る前と来た後；「家」が建つ前と建った後）の状態を両方とも実際に観察しうる。それに対して，(45b)(46b) では，話者が少なくとも変化の前の状態を実際には観察しえないため，(29) の制約により，これらのような確言の文は不自然になる。

(45) a．太郎はきのうここに来ました。(＝(12))
　　b．?その老人は子供の頃ここに来ました。(＝(4))
(46) a．太郎は去年家を建てました。(＝(13))
　　b．?織田信長は天正年間にその城を建てました。(＝(5))

一方，(47)(48) を見られたい。

(47)　その老人は子供の頃ここに来たそうです。(＝(4'))
(48)　織田信長は天正年間にその城を建てたようです。(＝(5'))

(47)(48) のような概言の文の場合は，述語が描く外的事態についての直接情報を話者が実際に取得している必要はない。外的事態の観察は話者の想定の中で行われている。

次に (44b) について検証する。(49)−(51) の述語は，動きに参与するものの状態の変化を伴わない外的事態を描いている。(49a)(50a) の場合，外的事態が話者自身の行為であり，(51a) の場合，外的事態がごく短い時間のうちに収まるものである。いずれの場合も，外的事態の全過程を話者が実際に観察しうる。他方，(49b)(50b)(51b) の場合，外的事態の全過程を話者が実際に観察するということは，不可能である ((49b) の述語が描く外的事態は他者の内面) か通常は考えにくく，したがって (29) の制約により，これらのような確言の文は不自然になる。

(49) a．私はそう思 w-*i*《い》ました。
　　b．?太郎はそう思 w-*i*《い》ました。
(50) a．私はその TV ドラマを見ました。
　　b．?太郎はその TV ドラマを見ました。
(51) a．太郎は一瞬眠 r-*i*《り》ました。(＝(15))
　　b．?太郎はきのう 7 時間眠 r-*i*《り》ました。(＝(6))

ただし，外的事態の全過程を話者が実際に観察しうる特殊な状況の下では，(52)(53) のように確言の文を用いることができる。

(52)　太郎は私と一緒にその TV ドラマを見ました。
(53)　太郎はきのう７時間眠 r-i《り》 ました。〔映画 *The Truman Show* (1998) のように，「太郎」のすべての行動が監視されている状況で〕

一方，(54)–(56) を見られたい。

(54) a．太郎はそう思 w《っ》-たでしょう。
　　b．?太郎はそう思っていました。
(55) a．太郎はその TV ドラマを見たかもしれません。
　　b．太郎はその TV ドラマを見ていました。
(56) a．太郎はきのう７時間眠 r《っ》-たそうです。(＝(6'))
　　b．太郎はさっき眠っていました。

(54a)(55a)(56a) のような概言の文の場合は，述語が描く外的事態についての直接情報を話者が実際に取得している必要はない。また，(55b)(56b) のように，述語を静的述語に変えた場合は，第１章 (39a)(41a) により，話者は，述語が描く外的事態のごく一部でも実際に観察していれば，確言の文を用いることができる。ただし，(54b)(≒(38c)) は依然として (29) の制約に抵触しているため不自然である。

ここで，(57)(58) を見られたい。

(57)　走 r-i《り》 ました。走って逃げています。〔競歩の世界記録保持者が身の危険を感じたとき，競歩で逃げるか走って逃げるかを実験して調べた TV 番組で〕
(58)　きのう雨が降 r-i《り》 ました。

動態動詞が表す動きが終了限界をもたない（参与するものの状態の変化は伴いえない）場合，外的事態の生起の有無のみに話者の関心が向けられている（57）（58）のような文脈[7]では，（44b）の例外として，外的事態の一部過程の場面のみでも外的事態についての直接情報となりうる。（57）の述語が描く外的事態は，その過程が発話時において継続中であり，（58）の述語が描く外的事態も，その全過程を話者が実際に観察したとは考えにくい。しかしながら，これらの確言の文は適格である。

4. 2. 1. 3　述語が話者自身を指す語を主格（～ガ）にとる場合，述語が描く外的事態についての直接情報を話者が実際には取得していないにもかかわらず，確言の文が適格となることがある。（59）（60）を見られたい。

（59）　私は〔←私ガ〕その時｛熟睡していました／意識がありませんでした／…｝。

（60）　私は〔←私ガ〕きのう7時間眠r-*i*《り》ました。（＝（14））

（38a）（49a）（50a）の場合とは異なって，（59）（60）の場合，述語が描く外的事態を話者が実際に観察したということはありえず，話者は外的事態の時より後に外的事態についての情報を取得したと考えざるをえない。これらのような確言の文を話者が使用できるのは，取得された情報が直接情報として扱われていることによると見られる。述語が話者自身を指す語を主格にとることと，述語が描く外的事態について話者が取得した情報をどのように扱いうるかとの関係は，今後考究されるべき課題を提供する。

（61）　#私は〔←私ガ〕生まれて間もない頃ここに来ました。

（61）は，話者が発話時において「ここ」を居所としている場合は適格，していない場合は不自然と思われる。

4.2.2　(9)(10)(18)-(20) および (9')(10') の現象は，(62) の仮説によって説明されると考える。

(62)　述語が描く外的事態の観察可能時が発話時より後（未来）である場合，確言の文が用いられるための必要条件[8)]として，次の a-c のいずれかに該当しなければならない。

a．述語が話者自身を指す語を主格（～ガ）にとり，かつ外的事態が話者の発話時における意志によって，発話時以後に生起する。

b．話者が外的事態を観察することが，発話時以前から人為的に予定されている。

c．外的事態が発話時以後に生起する兆候を，話者が発話時において知覚している。

(63)(64) は (62a) を満たしている。

(63)　私はあした家にいます。(=(18))

(64)　すぐ行 k-*i*《き》 ます。

(65)(66) は (62b) を満たしている[9)]。

(65)　予定では，太郎はあした家にいます。(=(19))

(66)　この電車は途中，京都，名古屋，新横浜，品川に停ま r-*i*《り》 ます。

(65)(66) は裸の -非タによる確言の文であり，概言を表す副詞類を伴ったり，叙法形式を概言のものに置き換えたりすることはできない。(65')(66') を見られたい。

(65')　*予定では，太郎はあしたきっと家にいます。

(66')　*この電車は途中，京都，名古屋，新横浜，品川に停ま r-*u*《る》 {でしょう／はずです}。

(62b) が満たされない場合は，話者が未来における外的事態の観察にどれほどの確信を抱いていても，確言の文を用いると不自然になる（(67a)(68a)）[10]。概言の文は(62)の制約と関わりなく適格でありうる((67b)(68b))。

(67) a．?絶対に外へ出るなと言い聞かせておきましたから，太郎はあした家にいます。(=(9))

b．絶対に外へ出るなと言い聞かせておきましたから，太郎はあした家にいるでしょう。(=(9'))

(68) a．?あしたは晴れます。(=(10))

b．あしたは晴れるでしょう。(=(10'))

(69)(70) は (62c) を満たしている。

(69)　あっ，荷物が落ちる。(=(20))

(70)　押さないで。倒れる，倒れる。

4.3 「語り」における確言

対話は話者と聞き手の立場が交替しながら進行する。「語り」は対話と異なり，話者（書き手）と聞き手（読み手）の立場が固定している言語行為である。「語り」においては，(71)-(75) のような確言の文が適格となりうる。この場合，述語が描く外的事態の観察可能時は基本的に過去である[11]。

(71)　およそ1億年前，この山は海底にあr《っ》-た。

(72)　その老人は子供の頃日本に来た。

(73)　織田信長は天正年間にその城を建てた。

(74)　太郎は {嬉しかった／友達が欲しかった／子供に会いたかった／背中が痒かった／そう考えていた}。

(75)　太郎はそう考えた。

対話においては，(71)-(75) は不自然になる（(３)-(５)(38c)(49b)）[12]。(71)-(75) の述語が描く外的事態について話者が取得した情報は，当然直接情報ではなく，他者の言動・表情，記録，化石など，さまざまな証拠から取得した情報である。(71)-(73) の場合，話者は外的事態の時において情報を取得できず，(74)(75) の場合，話者は他者の内面についての直接情報を実際には取得できない[13]。(71)-(75) を適格とする「語り」の話者，すなわち語り手には，述語が描く外的事態について取得した情報をすべて直接情報として扱い，確言の文を用いるということが許されているものと解される[14]。

語り手は，上のような特殊な資格を与えられた話者である[15]。対話と「語り」とは話者の性格を異にするため，切替の標示なく両者を混交させることはできない。(76)(77) を見られたい。

(76)　およそ１億年前，この山は海底にあr《っ》-た（＝(71)）。付近にはウミガメの祖先やアンモナイトが棲んでいた。……

(77)　──１億年ぐらい前は，この山は海底にあったんだって。

──へえ。じゃ，首長竜とかいたのかな。

──さあね。ウミガメの祖先やアンモナイトは｛a．棲んでたらしいけど／b．?棲んでいた｝。

(76) は「語り」であり，確言の文が用いられているが，(77) のように，対話に「語り」を交えようとしても無理である。(77b) はあくまで対話における例と解釈され，確言が用いられるための必要条件 (29) が満たされていない以上，不自然になる。

5. 第2章のまとめ

本章では，現代日本語における主節の述語の叙法について論じ，叙法の一つである確言が用いられるための必要条件に関して，(29)(44)(62) の仮説を提示した。また議論の過程で，述語が人の内面（感情，感覚，思考等）を描く場合に認められるとされる“主格の人称制限”の現象，およびその“人称制限”が「語り」において解除されるように見える現象を，命題の確言の可否という，より幅の広い現象の一部として説明した。

確言の述語も概言の述語もテンスをもつ。テンスの対象となる時は，第1章で明らかにしたように，述語が描く外的事態の時ではない。外的事態が発話時以前にのみ存在し，かつ述語の叙法が確言である場合は，外的事態を話者が実際に観察した時がテンスの対象となるが，それ以外の場合は，外的事態を話者が想定の中で観察する時がテンスの対象となる。テンスの対象はそれらの時を合わせた観察可能時であることが，本章においてあらためて確認された。

注

1) 仁田（2000）は「認識のモダリティ」の一類型として「確言」を認め，「確言」を「確認」と「確信」の下位類に分けているが，本章で言う確言は仁田(2000:100–111）の「確認」にほぼ相当する。仁田（2000:111–116）の「確信」は，筆者の立場では概言の一種ということになる。
2) 話者が外的事態についての直接情報を実際に取得していることは，確言が用いられるための十分条件ではない。確言のためには，直接情報の内容が，確言を導くに足る確実性を備えていなければならない。
3) 外的事態が話者の眼前で起きていない場合，話者が事態についての直接情報を実際に取得したのは必ず発話時より前になるが，発話時における事態の観察が想定されているなら，述語は -非タを伴う。ただし，第3章3.2.4の条件下では，（事態が話者の眼前で起きていても）述語は叙想的テンスの -タを伴う。
4) 概言には推量と推定・伝聞とがある。推量は主に，-タ／-非タに -ダロウ，-カモシレナイ，-ニチガイナイ，-ハズダ等が後接した形によって表され，推定・伝聞は -タ／-非タに -ヨウダ，-ラシイ，-ソウダ等が後接した形によって表される。

話者は，述語が描く外的事態について，直接的か間接的かを問わず何らかの情報を取得している場合と，何の情報も取得していない場合とがある。推定・伝聞の文は情報を取得している場合にのみ用いられ，推量の文は情報を取得していない場合にのみ用いられる。

（ i ）　――太郎はきのうどこにいましたか？
　　――おとといの打合せで，きのうは家にいることになっていましたから，家にい｛?ました〔確言〕／?たようです〔推定〕／たでしょう〔推量〕｝。

（ ii ）　私の母は結婚する前，事務員｛?でした〔確言〕／?だったでしょう〔推量〕／だったそうです〔伝聞〕｝。

5)　-ノダという形式を伴うと，(29) の制約がかからなくなる場合がある。

（ i ）　私の母は結婚する前，事務員だったんです。

-ノダは不明な要素を含む何らかの前提の下で叙述文の内容が適切と見られることを表すものであり，メタ言語に相当する形式と考えられる（第 6 章）。これに従えば，-ノダに前接する節（(i ）の場合「私の母は結婚する前，事務員だった」）は主節ではないと解釈される。

6)　英語文 “She loves you.” を，日本語の確言の文で訳すことは難しい。

7)　この文脈が調わないかぎり，動態動詞が表す動きが終了限界をもたず，動的述語が描く外的事態の開始を話者が実際に観察している場合でも，(29)(44b) の制約により，確言の文を用いることは困難である。

（ i ）　?太郎が急に走 r-*i*《り》ました。今も走っています。

（ ii ）　?私が家を出た直後に，雨が降 r-*i*《り》ました。

一方，(iii)(iv) の「走りだす」「降りだす」を核とする動的述語が描く外的事態は，「太郎」「雨」の「走っていない」「降っていない」状態から「走っている」「降っている」状態への変化を伴うため，変化の前の状態と後の状態とを話者が実際に観察していれば，確言の文を用いることができる。

（ iii ）　太郎が急に走りだ s-*i*《し》ました。今も走っています。

（ iv ）　私が家を出た直後に，雨が降りだ s-*i*《し》ました。

8)　(62b) が満たされた場合は，確言が求められることが多い。

9)　（ｉ）なども，人為的に予定された外的事態の観察の例に含まれる。

（ｉ）　太郎は来年40歳にな r-*i*《り》ます。

年齢は人為的な概念といえる。年齢を数えない文化も世界には存在するようである。

10)　予言者，催眠術師等は，(62b) が満たされなくても，観察可能時が未来である外的事態を描くのに確言の文を用いる。

（ｉ）　来年富士山が噴火します。

（ii）　あなたはだんだん眠くな r-*i*《り》ます。

11)　外的事態が他者の内面である場合は，観察可能時が現在である例も皆無ではない。ただし，（ｉ）は述語が描く外的事態が現実世界でなく虚構世界に属する例である（注14)。

（ｉ）〔略〕尺八で演奏される「ビギン・ザ・ビギン」は，なんとも異様である。

異様ではあるけれども，生徒たちは嬉《うれ》しい。(わかっているのは，おれたちだけ）というのを，ことのほか好む年齢だからである。

（小林信彦「背中あわせのハート・ブレイク」2）

対話においてはもちろん不自然になる（(39c))。

12)　対話において，話者が現在観察しうる過去の記録を根拠に確言の文を用いる場合，述語は履歴あるいはパーフェクトを表すとされる形式 -テイル（/-てい-/）と，裸の -非タを伴うことになる（井上 2001)。

（ｉ）（{住民票／古い写真} によると）その老人は子供の頃ここに来ています。

（ii）（古文書によると）織田信長は天正年間にその城を建てています。

（iii）（ビデオの貸出簿によると）太郎はその TV ドラマを見ています。

13)　述語が他者の内面を描く文と「語り」との関係，およびその研究史については，甘露（2004;2005）を参照されたい。

14)　ここで論じているのは，(71)-(75) の述語が描く外的事態が現実世界に属する場合についてである。外的事態が虚構世界に属する場合は，創作者が話者を対話の話者と設定するか，語り手と設定する必要がある。対話の話者と設定された話者は，虚構世界の中で (29)(44) の制約に従わなければならない。夏目漱石作「吾輩は猫である」の話者である猫が読心術を心得ているという設定は，創作者が対話の話者と設定した猫に，(29)(44) の制約を守らせつつ，(74)

(75) のような確言の文を用いさせるための方策といえよう。

15)　雑俳に，

（ｉ）　講釈師見て来たやうな嘘を言ひ

という句がある。講釈師には語り手の資格があると見るのが普通であろうが，あえて資格がないものと見なせば，彼の話は (29)(44) の制約を破っていることになり，その話は史実と異なる「嘘」であるばかりでなく，「見て来たやうな」と揶揄されるに値するというおかしみが生まれる。

参照文献

井上優 (2001)「現代日本語の「タ」: 主文末の「…タ」の意味について」つくば言語文化フォーラム (編)『「た」の言語学』pp.97–163，ひつじ書房。

Jakobson, Roman (1973)(ロマーン・ヤーコブソン) 長嶋善郎 (訳)「転換子と動詞範疇とロシア語動詞」川本茂雄 (監修)；田村すゞ子；村崎恭子；長嶋善郎；八幡屋直子 (共訳)『一般言語学』pp.149–170，みすず書房。

甘露統子 (2004)「人称制限と視点」『言葉と文化』5，pp.87–104，名古屋大学大学院。

甘露統子 (2005)「「語り」の構造」『言葉と文化』6，pp.103–120，名古屋大学大学院。

仁田義雄 (2000)「認識のモダリティとその周辺」森山卓郎；仁田義雄；工藤浩『モダリティ』pp.79–159，岩波書店。

高橋太郎 (1985)『現代日本語動詞のアスペクトとテンス』国立国語研究所報告82，秀英出版。

田野村忠温 (1990)「文における判断をめぐって」崎山理；佐藤昭裕 (編)『アジアの諸言語と一般言語学』pp.785–795，三省堂。

第3章　叙想的テンスの出現条件

1. はじめに

本章では，第1章3.4を承けて，叙想的テンス（寺村 1984:105ff.）としての -タが出現する条件を明らかにすることを目指す。

2. 問題の所在

2.1　金水（2001）

金水（2001）は，（1）-（3）のような -タ（叙想的テンス）の機能について論じるために，それぞれの用法を「回想」「関連づけ」「発見」と呼んで整理，分類している。

（1）　たしかあなたは，関西の出身でしたね。(「回想」)
（2）　おや，答は3番だったか。〔ドリルの答合わせをしていて〕(「関連づけ」)
（3）　おや，こんな夜遅くに汁粉屋があいてたよ。(「発見」)

そして，議論の結果を（4）のようにまとめている。

（4）　1. 形容詞文，名詞述語文，シテイル，シテアル等，ある期間に持続して成立する静的な述語の場合，発話時が継続期間に含まれるときには，非タ形（例えばアル）が使用できるのは当然として，発話時以前の継続期間の存在により，必ずタ形(例えばアッタ）も使用可能となる。これを，「部分的期間の定理」と呼ぶ。

2. 1により，継続期間が発話時を含む静的事態を表現する場合，常に非タ形とタ形が選択可能であるが，その選択は静的事態の「情報的性質」に依存する。即ち，静的事態は‘情報’として，話し手の知識と独立に，あるいは時間の流れを超越して成立・存在しているが，その情報と話し手との‘出会い’は出来事であり，時間の流れの中に位置づけることができる。
3. 2により，ある静的事態が発話時現在も成立しているにも関わらずタ形によって表現される場合は，おおよそ次の三つの類型に分けることができる。〈回想〉は，過去にその情報に出会ったことを示す用法である。〈関連づけ〉は，過去のある時点にその情報が必要であったにも関わらず，その情報に出会うことができなかったことを示す用法である。〈発見〉は，発話時がその情報と出会った後の段階にあることを示す用法である。

〔「4」「5」略〕　（金水 2001:75ff.）

金水（2001:68）は，「文の真理条件によって決定されるテンスの機構」を「意味論的テンス」と呼び，「回想」「関連づけ」「発見」などの -タの用法を「情報的テンス」と呼ぶ。金水（2001）の（4）のような説明は，それに先立つ金水（2000）における説明と同じく，「「た」がムード的な意味を表すという現象の背後にあるメカニズムを，可能なかぎり明示的な形で，また可能なかぎり一般性の高い形で説明しようとしている点で，「ムードの‘た’」という特別枠をたてて「た」がムード的な意味を表すという事実を述べただけの説明や，「ムードの‘た’」を含む「た」の全用法をカバーするような抽象度の高い概念を恣意的にたてるだけの説明とは，明らかに一線を画する」(井上 2003b:83）といえよう。

しかしながら，金水（2001）には2.2のような問題点がある。

2.2　金水（2001）の問題点

2.2.1　「部分的期間の定理」を認めると，静的述語が描く外的事態の時が発話時より前である場合（過去）も，事態の時が発話時を含んでいる場合（現在）も，ともに -タが用いられるということになる。図1を見られたい。

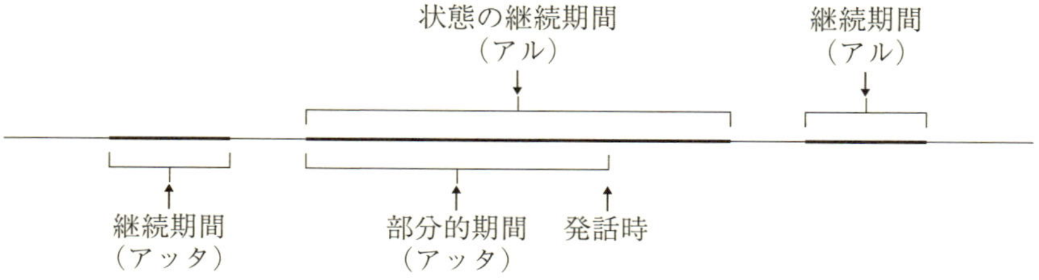

図1　「部分的期間の定理」と「意味論的テンス」

事態の時が発話時以前であるときの -タと，「部分的期間の定理」によって選択された「情報的テンス」としての -タとの間に，形態上の差異はない。したがって，-タと -非タの対立を事態の時を対象とするものと見るかぎり，それは発話時を基準とした以前と非以前の対立であるとはいえなくなる。つまり，「部分的期間の定理」は，事態の時と発話時との関係によって決定する「意味論的テンス」を否定するのである。金水（2001:76）は，「これらの現象〔情報的テンス〕は決して意味論の枠組みを離れるものではなく，むしろその内側で働き，しかも静的述語の持つ意味論的・情報論的な性質から自然に導かれる性質である」と述べているが，上の事実と矛盾している。

2.2.2　「回想」の用法は，「言語主体が情報を取得した時点に基づいてタ形が選択されるものである」（金水 2001:68）というが，例えば確言の文の場合，話者は述語が描く外的事態についての（直接）情報を取得しており（第2章），情報取得の時は常に発話時以前となる。したがって，これだけの条件の下では，発話時現在の外的事態を描くあらゆる静的述語が「回想」の -タをとりうるはずである。ところが，（5）（6）のような例を適格とする文脈は特異であり，かつそれらが特異となる理由は説明できない。

（5）　#私は関西の出身だった。

（6）　#君は丸い顔をしていたね。

2.2.3 「関連づけ」の用法は,「言語主体が情報が存在することを信じており, アクセスを試みるが, しかし情報を取得することができなかった, という前提がある場合を典型とする。そして, 情報を取得したあとに, その情報が最も関与的であったアクセス時点に基づいて, タ形が選択されるものである」(金水 2001:69) というが,（2）と, 例えば（7）とは異なる用法であると考えられる。

（7）　あっ, 答は3番だった。〔ドリルの答合わせをしていて〕

金水 (2001) は（2）と（7）の用法を区別していない[1)]。しかし,（7）をも, ドリルを解いていた時点と発話時との関係によって -タが選択されたものとする説明は疑わしい。（7）において, 話者が外的事態についての何らかの情報を得ようとしていた時は, 答合わせが始まった後であって, ドリルを解いていた時点ではない。

2.2.4 「発見」の用法については,「〈回想〉や〈関連づけ〉のように現在から隔たった時点に情報を結び付けるのではなく, 発話時現在が, 情報を入手して以後の段階にあることを示す用法であると考えられる。運動動詞文のタの用法として〈過去〉と〈完了〉が区別されることがある。前者が, 当該の出来事が現在と切り離された過去に達成されたことを表すのに対し, 後者は,「バスが来た」「もうご飯食べた」のように, 発話時が当該の運動の達成後の段階にあることを示すものと把握できる。〈発見〉はまさしく, この〈完了〉に相当する用法であると考えられる」(金水 2001:69) とある。しかし, 井上 (2001;2003a) が周到な方法をもって主張するところに従えば, 動的述語の -タの「完了」とされる用法は, 述語が描く外的事態の達成後の状態が発話時において存在することを示すものではなく,「過去」の用法と同様に, 動的事態が発話時以前に実現したことを示すものであり, ただ「完了」の場合は，副詞モウや文脈によって，発話時が事態の実現想定区間内にあるということが示されているのである。そのような「完了」に相当する用法を，静的述語の -タがもつか否かは問題であろう。

2.3　第２節のまとめ

金水（2001）に見られる 2.2の主な問題点は，「情報的テンス」の出現する条件が明確でないことである。そのことは，事態の時を対象とする「意味論的テンス」を認めたために生じていると考えられる。

第１章では，述語の -タと -非タの対立が，発話時と外的事態時との関係ではなく，発話時と述語が描く外的事態の観察可能時との関係に基づくものであることを明らかにした。これはすなわち「意味論的テンス」を不要とする記述である。そのうえで第１章では，静的述語が描く外的事態の観察可能時が発話時と同時であるとき述語は -非タを伴うという原則に，（８）-（11）のような例外が認められることを指摘した。

（８）　この椅子はきのう既にここにあｒ｛-た／*-u《る》｝。〔あｒ-た＞あった〕

（９）　あなたはお医者さん｛だった／?な｝のね。〔以前，急病人に適切な手当を施した聞き手が医師だと話者が知って〕

（10）　さっき，あの人のことを村田さんって言ってしまいましたけど，彼は村本さん｛でした／?です｝。

（11）　おーい，い｛た／*る｝ぞ。〔捜索隊員が遭難者を発見して〕

これらのうち，（９）-（11）は叙想的テンス（金水 2001の「回想」「関連づけ」）に該当する。第３節では，（８）-（11）のような静的述語の -タについて，発話時以前の観察可能時を対象とするテンスという観点から記述する。

3. 発話時以前の観察可能時を対象とする静的述語の -タ

3.1　叙想的テンスの出現条件

第1章3.2で見たとおり，原則として，静的述語が描く外的事態の観察可能時（POT：Possible Observation Time）が発話時（ST：Speech Time）と同時である（ST＝POT）とき，静的述語は -非タを伴う。そのため，-タが選択された場合は，現在は事態が観察不可能という含意をもつことになる[2)]。

（12）　父は背が高かった。〔例えば，「父」は故人〕
（13）　彼は背が高かった。〔例えば，「彼」とは既に別れた〕
（14）　その人は独身だった。〔例えば，「その人」は消息不明〕

ところが，文脈から見て明らかにST＝POTであるにもかかわらず，発話時以前の観察可能時がテンスの対象となって，静的述語が -タを伴う場合がある（（8）-（11））[3)]。図2を見られたい。

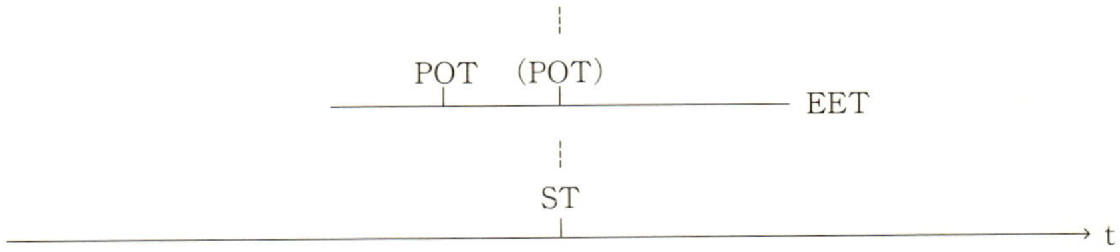

（POT＜ST→ -タ）
t：時間軸
EET（External Event Time）：外的事態時

図2　例（8）-（11）

ST＝POTのとき静的述語が -非タを伴うという原則は，（15）-（18）の条件の下で破られ，述語は -タを伴う。

(15)　「過去の時を表す名詞類＋{-φ／ニ}……モウ／既ニ」が用いられた場合。

(16)　外的事態が実際には観察不可能であった過去のある時に事態を観察すべきであったと，話者が発話時において判断した場合。

(17)　外的事態が観察可能であった過去の時（特定されない場合も多い）と発話時との間に，事態が観察不可能な時があった場合。

(18)　話者が外的事態についての何らかの情報を得る前に，事態についての情報を得ようとする態度が話者にあった場合。

「叙想的テンス」「ムードの‘タ’」などと呼ばれる -タの用法は，(16)(18)(＝「関連づけ」）および（17)(＝「回想」）の場合に相当する。金水（2001）が「発見」と分類した用法は，独立には存在せず，(18）に包摂されるものと考える。

3.2では（15)-(18）について具体的に検討する。

3.2　叙想的テンスの出現条件の検討

3.2.1　(15）は（19)-(21）のような例によって支持される[4)]。

(19)　この椅子はきのう既にここにあｒ{-た／*-u《る》}。(＝(8))

(20)　1990年には，彼はもう国会議員{だった／*だ}。〔現在も国会議員〕

(21)　私は当時既に結婚してい{た／*る}。〔現在も婚姻継続中〕

(19)-(21)は，叙想的テンスとして論じられることは少ないようであるが，現在も観察可能な外的事態を描く述語で -タが選択されているという点では，叙想的テンスと異ならない。むしろ，-タが選択されていても，発話時において事態が観察可能な場合があるという，現代日本語のテンスの特徴を端的に示している。すなわち，一定の条件の下でテンスの対象が過去の観察可能時に固定された場合の -タは，(12)-(14）に認められるような，現在は事態が観察不可能という含意をもたないのであって，この特徴が叙想的テンスの用法を支えているものと考えられる。

3. 2. 2　(16) は (22)-(25) のような例によって支持される。

(22)　おや，答は3番だったか。〔ドリルの答合わせをしていて〕(=(2))
(23)　あなたはお医者さん｛だった／?な｝のね。〔以前，急病人に適切な手当を施した聞き手が医師だと話者が知って〕(=(9))
(24)　こんなにたくさんの物が｛a．あr《つ》-たんだな／b．?あr-*u*《る》んだな／c．*あr《っ》-た｝。〔自分の家の模様替えをしていて〕
(25)　頭じゃなくて歯が｛a．痛かったのか／b．?痛いのか／c．*痛かった｝。〔1週間前から続いている頭痛の原因が虫歯だと診断されて〕

(22)-(25) は，井上 (2001:146ff.) が「発話時以前の認識の修正・補強を表す「〜タ(ノ)カ」」と呼ぶ用法に概ね該当する。この場合，話者はテンスの対象とした過去の観察可能時において，外的事態を観察していない。そのため，-タは単純な確言の文に現れることはなく ((24c)(25c)，第2章)，森山 (1992) の言う「疑問型情報受容文」に現れる ((22)) か，または，メタ言語形式の一種である -ノダ (第6章) を伴う文に現れる ((23)(24a))。両方の特徴を兼ね備えた文に現れることももちろんある ((25a))。

3. 2. 3　(17) は (26)-(30) のような例によって支持される。

(26)　たしかあなたは，関西の出身でしたね。(=(1))
(27)　さっき，あの人のことを村田さんって言ってしまいましたけど，彼は村本さん｛でした／?です｝。(=(10))
(28)　彼は今もA市に住んでいたはずだ。
(29)　そういえば，葛城山は六甲山より高かったな。
(30)　きょうは結婚記念日だった。

外的事態が観察不可能な時があったことは，あくまで話者の内面の問題である。しかしながら，(27) のように，話者が聞き手にいったん誤った情報を伝えた後では，観察不可能であったことが聞き手にも明らかなため，-タを選択する方が自然である。

(26)-(30) の用法については，次のように説明することができる。すなわち，発話時において観察可能な外的事態は，最初に観察可能となった時から現在に至るまで，引き続き観察可能であったととらえられるのが普通であり，その間に観察不可能な時が存在するのは普通ではない。そこで，その普通でない状況を示すために，話者は過去の観察可能時をテンスの対象とするものと考えられる。

3.2.4　(18) は (31)-(35) のような例によって支持される[5)]。

(31)　おや，こんな夜遅くに汁粉屋があいてたよ。(＝(3))
(32)　あっ，答は3番だった。〔ドリルの答合わせをしていて〕(＝(7))
(33)　おーい，い {た／*る} ぞ。〔捜索隊員が遭難者を発見して〕(＝(11))
(34)　たぶんそうだとにらんでいたが，やっぱり彼が犯人 {だった／?だ}。
(35)　調べてみたら，ジャワ島は南半球にあ r {-た／?-*u*《る》} よ。〔あ r-た＞あった〕

実際に取得された外的事態についての情報は，話者にとって予想どおりのものかもしれないし，思いがけないものかもしれない。いずれにしても，話者が事態についての情報を得ようとする態度でいるところに，その事態についての情報がもたらされると，情報を取得した時（最初の観察可能時）が焦点化され，テンスの対象となるものと見られるが，情報取得の時はたとえ一瞬の差であっても必ず発話時より前になる。

3.2.5　静的述語が描く外的事態が発話時において観察可能であり，かつ (15)-(18) の条件のいずれにも該当しない文脈では，述語は -非タを伴わなければならない。(36)-(40) を見られたい。

(36)　私は関西の出身 {*だった／だ}。

(37)　君は丸い顔をしてい {*た／る} ね。

(38)　ああ，頭が痛 {*かった／い}。

(39)　ご紹介します。こちらは村本さん {*でした／です}。

(40)　おい見ろよ，あそこに変なやつがい {*た／る} ぞ。〔偶然に不審者を発見して〕

4. 第3章のまとめ

従来の研究では，外的事態時を対象とする「意味論的テンス」の内部に「情報的テンス」すなわち叙想的テンスを認めるという重層的な解釈がなされ，「情報的テンス」が出現する条件も明確でなかった。第1章では，「意味論的テンス」を不要とし，観察可能時を対象とするテンスに統一した記述を行なった。本章ではこれを承けて，叙想的テンスとは，発話時と観察可能時とが同時であることを前提とした一定の条件（(15)-(18)）の下に，発話時以前の観察可能時がテンスの対象となる現象であるということを示した。

注

1)　「答」を「正しい知識」の意味でなく，「クイズ・ゲームの(答えるべき)正解」の意味に解釈するなら，「答」は解答制限時間内，すなわちドリルを解いていた期間にのみ存在したことになるが，その場合，「答」は発話時においてはもはや存在しないのであるから，もとより金水 (2001) の説明の対象外である。クイズ番組の司会者が「答は3番でした」などと言う場合はそれに該当する。

2)　同一の外的事態を描く別の文の述語で -非タを選択し，含意を取り消す場合もある。

（i）　私はこれまで一米国人だった。今もそうだ。これからもそうだろう。

ちなみに，英語の動詞過去形がもつ，現在は事態が観察不可能という含意は，取り消すことが許されない。そのため，同一の外的事態を描く過去形と現在形を併用すると，非文法的となる。

（ii）　I *am*, have been〔/**was*〕 and will be only one thing -- an American.　（*Citizen Kane*）

他方，フランス語の動詞半過去形も同様の含意をもつが（Le Guern 1986: 27），現在形との併用によって含意が取り消されることもある。

（iii）　Je t'*aimais*, je t'*aime* et je t'aimerai.　（par Francis Cabrel）

英語の過去形は，現在完了形との対立に基づいて，厳格な「非現在」を表す。この特徴との対照が，日本語の叙想的テンスをテンス一般の埒外に置かせてきたものと思われる。

3)　(10)(11）では「名簿に載っている村本さんです」「ここに１人いる！」等と続けて言うことができる。

4)　副詞モウ／既ニを伴わず，単に「この椅子はきのうここにあr《つ》-た」（金田一 1976:32）と言えば，POT<ST の解釈が優先される。また，「過去の時を表す名詞類＋カラ」，ズット等の使用は，テンスの対象を過去の観察可能時に固定する場合と，固定しない場合とがある。

（i）　この椅子はきのうからずっとここにあr {-た／-*u*《る》}。

5)　(31）の場合，夜遅くに飲食店が１軒でもあいているか否かに対して，話者は関心を向けていたはずである。また，高橋（1985:291ff.）が「てい察報告の文」と呼ぶ，（i）のような例もこの用法に含めることができよう。

（i）　裏門があいていました。そこから出ましょう。

参照文献

井上優（2001）「現代日本語の「タ」：主文末の「…タ」の意味について」つくば言語文化フォーラム（編）『「た」の言語学』pp.97–163，ひつじ書房。

井上優（2003a）「パーフェクトの「(モウ)シタ」について」井上優（代表）『時間表現・空間表現の意味の構造化に関する日本語と中国語の対照研究』pp. 19–34，日本学術振興会平成 13–14 年度科学研究費補助金（課題番号：13610676）研究成果報告書。

井上優（2003b）「〔書評〕金水敏・工藤真由美・沼田善子著『日本語の文法２ 時・否定と取り立て』」『国語学』54（２），pp.81–90，国語学会。

金田一春彦（1976）「日本語動詞のテンスとアスペクト」金田一春彦（編）『日本語動詞のアスペクト』pp.27–61，むぎ書房。

金水敏（2000）「時の表現」金水敏；工藤真由美；沼田善子『時・否定と取り立て』pp.1–92，岩波書店。

金水敏（2001）「テンスと情報」音声文法研究会（編）『文法と音声 III』pp.55–79，くろしお出版。

Le Guern, Michel（1986）“Notes sur le verbe français,” S. Rémi-Giraud & M. Le Guern（dirs.），*Sur le verbe*, pp.9–60, Presses Universitaires de Lyon.

森山卓郎（1992）「疑問型情報受容文をめぐって」『語文』59：pp.35–44，大阪大学。

高橋太郎（1985）『現代日本語動詞のアスペクトとテンス』国立国語研究所報告82，秀英出版。

寺村秀夫（1984）『日本語のシンタクスと意味 II』くろしお出版。

第4章　ラシカッタという言い方について

1. はじめに

現代日本語のモダリティ形式 -ラシイは,「らしかった」という言い方の存在によって, 外界の事態を描き取って表す客体的表現と, 描き取られた事柄（命題）についての話者の判断を表す主体的表現の, 中間的・両面的性格をもつと解せられることがある。本章では, このような考え方に対して批判を加えつつ,「らしかった」で終わる文が通常の統語論的解釈の埒外にあり,「語り」（第2章4.3）において「話者(語り手)の発話時における」以外の判断を表す, 特殊な文体の一つと見るべきものであることを明らかにする。

2. 問題の所在

2.1 -ラシイの統語的特徴

現代語の -ラシイは一般に, 命題についての話者の判断を表す主体的なモダリティ形式であるとされる。そしてその統語的特徴として, 否定化や疑問化に抵抗することなどが挙げられる（寺村 1984:247–254)。

（1）　太郎は来るらしい。
（2）a．太郎は来ないらしい。
　　b．?太郎は来るらしくない。
（3）　?太郎は来るらしいか？
（4）　?誰が来るらしい？

これらの特徴は, 外界の事態を描き取って文の命題を構成する客体的形式と，-ラシイとの相違を示すものと考えられている。

ところが，-ラシイは過去化を許容する。すなわち，「らしかった」という言い方が可能である。

（5）a．太郎は来るらしい。
　　b．太郎は来るらしかった。
　　c．太郎は来たらしい。
　　d．太郎は来たらしかった。

この現象は，-ラシイを主体的形式と見る立場にとって都合が悪い。主体的表現とは，**話者の**，**発話時における**，ある主体的**態度**を表すということであるから，それ自体は打ち消されたり疑われたりすることがないとともに，回想もされず，したがって主体的表現を受けもつ形式は，過去化されてはならないのである。

そこでこうした問題に対して，次のような解釈が与えられてきている。すなわち，-ラシイは客体的表現と主体的表現の，中間的あるいは両面的性格を有し，（5a, c）のように「非過去形」で言い切ったときには，主体的表現として機能するが，（5b, d）のように「過去形」をとったときには，客体的形式として機能する，というものである（仁田 1991:52–59）。このような考え方の出発点となったのは，渡辺（1971）と見られる。渡辺（1971）は，-ラシイ，-ナイ，-タといった「第２類の助動詞」は「一旦は統叙〔叙述（一つの思想や事柄の内容を外形化してととのえようとする言語主体の表現活動）を統一完了するための職能〕の外ではたらきながら，結局は統叙の一種にすぎず，このような二重性格があるという意味で統叙の延長としてはたらく」（p.133）とし，また，「統叙と陳述〔統叙によってととのえられた叙述内容（または無統叙の素材的要素）に対して，言語主体が，その素材（あるいは対象・聞手）と自分自身との間に，何らかの関係を構成する関係構成的職能〕とは，一旦は明瞭に区別されねばならないけれども，結局は相互に連続すると認めるべきである」（p.140）とも述べている。

2.2 「らしかった」という言い方をめぐる問題

しかしながら，-ラシイに対する仁田（1991）のような考え方が，その主な根拠としている「らしかった」という言い方には，なお十分に説明されない，注意すべき統語上および文体上の特徴がある。

まず，「らしかった」という「過去形」をとったときには，-ラシイは客体的形式としてはたらくといわれているけれども，「らしかった」となって疑問化を許容するようにはならない。

（６）a．?太郎は来るらしいか？（＝（３））
　　　b．?太郎は来るらしかったか？
（７）a．?誰が来るらしい？（＝（４））
　　　b．?誰が来るらしかった？

次に，-ラシイの前の述語にはテンスの対立（-タを伴うか -非タを伴うか）があるため，「らしかった」の前で述語が -タを伴うと，「…たらしかった」となって，１文の中に２回 -タが現れることになる。

（８）　太郎は来たらしかった。
（９）　雨は激しかったらしかった。
（10）　海は穏やかだったらしかった。
（11）　太郎が犯人だったらしかった。

「…たらしかった」で終わる文は，述語が一つなので単文のはずである。しかし，単文の中に２回 -タが現れるという構文は他に存在しない[1)]。

「らしかった」という言い方に見られるこれらの統語的特徴は，従来看過されがちであったように思われる。それは，助動詞の相互承接順位に基づく，いわゆる日本語文の階層構造モデル，例えば，

(12)　命題核＋ヴォイス＋アスペクト＋肯否＋テンス＋モダリティ。
　　　客体的表現←――――――――――――――→主体的表現

のようなものが，無条件に想定されていたためではなかろうか（野村 1990: 23）。

さらに，「らしかった」という言い方には，上の統語的特徴に加えて，次のような文体的特徴が認められる。すなわち，一般に「らしかった」は対話では用いられない。

(13)　――太郎はどんな様子だった？
　　　――うん，?ここへ来るらしかったよ。〔cf.「来るようだったよ」〕

「らしかった」が用いられるのは，主に物語の地の文においてである（金子 1989；1990）。とすれば，(6b)(7b) の不適格性も，実際はむしろこの文体上の制約によるといえよう。

本章の目的は，以上のような「らしかった」という言い方の統語的・文体的特徴を説明すべく，「らしかった」の真の性格を探ることであるが，まず，この問題に関わる丹羽（1992）について，いくらか述べておくことにする。

3. 丹羽（1992）について

3.1　丹羽（1992）の概要

丹羽（1992）は，「らしかった」を含む推量形式の「過去形」（「かもしれなかった」「にちがいなかった」等）を，「「語り」の時制と叙述の視点」という角度からとらえる。語り手が，語る現在から視点を過去に向けることを「回想視点」，物語世界の当該場面の視点（「場面時」）に立った視点をとることを「共時視点」と呼び，「語り」では視覚的な場面描写が多く，場面というのは空間的存在であるから，これを描写するためには，その空間のどこかに視点を置く必要があり，したがって「過去形」で語られた文においても，場面描写である以上，共時視点をもっていなければならず，「語り」の中の多くの部分では，「過去形」の文に回想視点と共時視点が共存している，とする。そして，推量形式の「過去形」は，共時視点の推量を表すと同時に，回想視点で過去のこととして語るという，二つの視点の共存を示す形式である，と説明するのである。

3.2　丹羽（1992）の問題点

しかし，丹羽（1992）にはいくつかの疑問点がある。その一つは，「視点」という概念が言語学上の用語として明確でないことである。言語学的視点に関する研究では久野（1978）がよく知られており，丹羽（1992）も「久野(一九七八)は，単文に限定してはいないが，「カメラ・アングルの一貫性：単一の文は，単一のカメラ・アングルしか持ち得ない。」という制約を提出している。だから，二つの視点が共存するというのは奇異に思えるかもしれない」(p.21）と述べているが，久野（1978）における「視点(カメラ・アングル)」とは，文中のある名詞句の指示対象に対する話者の共感（自己同一視化）の度合すなわち「共感度」と，他の名詞句の指示対象に対する共感度との大小関係のことであり，丹羽（1992）の言う「視点」とは内容の隔たりがあるように思われる。(14）を見られたい。

(14)　太郎は例年，花子にクリスマスプレゼントをくれるらしかったが，
　　その年は何も｛a．?<u>や</u>r《ら》-aなかった／b．<u>くれ</u>なかった｝。

丹羽（1992）によれば，「らしかった」は共時視点と回想視点の共存を示すのであるから，(14）について，丹羽（1992）の共時視点，回想視点を，それぞれ久野（1978）の「クレルの与格目的語寄りの視点」「中立的視点」に読み替えると，従属節の視点は「花子」寄り＋中立となり，続く主節では中立的視点を示すヤルが用いられうると予測されるにもかかわらず，(14a）は不適格である。

そこで，久野（1978）からは離れて丹羽（1992）の「視点」を解釈するこ

ともできる。しかしその場合，「語る現在から視点を過去に向ける」回想視点と，述語が描く外的事態の観察可能時が発話時以前であることを示す過去テンスとはどのように異なり，また，「場面時に立った視点をとる」共時視点と，静的述語が状態を表すこと，すなわち，静的述語が描く外的事態の観察可能時が発話時と同様に時間軸上の「点」であること（第1章5）とはどのように異なるのであろうか。この点が明らかにされなければ，主として場面描写に用いられる，

（15）　太郎は本を読んでいた。

（16）　雨は激しかった。

（17）　海は穏やかだった。

のような -タを伴った静的述語は，すべて共時視点と回想視点の共存を示すことにならないであろうか。そうなると，これらの形は対話で自由に用いられるのであるから，推量形式の「過去形」のみが対話で用いられない（2.2）理由は説明できない。

もう一つ，丹羽（1992）が「「基〔基本形＝非過去形〕かもしれなかった」〔略〕は過去においてそう推量される状況にあったことを，今表明するというのではない。語り手が共時現在・未来視点に立って発話時と一致した場面時からの推量を表し，かつ回想視点に立って過去のこととして語るということにおいて，過去形でありながら発話時における推量であることが可能なのである」（p.24）と述べる点も疑問である。物語の発話時とは，語り手が語る時点であって，それ以外ではありえない。丹羽（1992）は「発話の現在」についての共通理解に背いている。

4.「らしかった」で終わる文の用法・意味

4.1　語り手の判断を表す「らしかった」

「らしかった」という言い方は，2.2で述べたように，物語の地の文や回

顧録などの,「語り」(第 2 章 4.3) の文章でしか用いられない。以下では,「語り」の代表である小説に見られる,「らしかった」で終わる文 (「…らしかった」とする) の例について考察する。

「…らしかった」の用法は, -ラシイが関わる判断の主体によって, 大きく二つに分かれる。その一つは (18)-(21) のようなものである[2)]。

(18) 「消しますよ」

千三が封筒を取り出すのを待って, 春枝が電燈のスイッチをひねった。茶の間からの燈に向かって, 三人は歩を移した。

春枝は, どちらかの脚が不自由らしかった。

(永井龍男「青梅雨」B)

(19) 幾代は, 悲しみを運んでそこまで歩いてきた。顔を上げているので, 瞼をあふれた涙が頬に筋を引いた。が, 幾代は, 水道のそばを通り抜けぎわに, 蛇口の栓を閉めた。音を立てて落ちていた水がとまった。が, 幾代は自分のその動作に気づいてはいないらしかった。それは無意識に行われただけだった。(佐多稲子「水」)

(20) 私達は小さな筏《いかだ》を見つけたので, 綱を解いて, 向岸の方へ漕いで行った。筏が向の砂原に着いた時, あたりはもう薄暗かったが, ここにも沢山の負傷者が控えているらしかった。水際に蹲っていた一人の兵士が,「お湯をのましてくれ」と頼むので, 私は彼を自分の肩に依り掛からしてやりながら, 歩いて行った。(原民喜「夏の花」①)

(21) 病室に入ると, A の寝姿は冷静で, 死の迫っているらしい趣きは見えなかった。A の妻女は夜具の裾の方にいて, 時々足でも揉んでいるらしかった。A は視力もないであろうし, 私達の方を見ようともしなかった。(正宗白鳥「今年の秋」①)

このような「…らしかった」の中の -ラシイは, それが客体的形式であるか主体的形式であるかはしばらく措いて, 語り手の判断に関わりがあるということについては異論がなかろう。そしてその判断が, 発話時すなわち語り手が語る時点ではなく，場面時すなわち「語り」の中のある時点でのものであることも明らかであろう。さて，語り手の場面時における判断は，-ラシイで終わる文（以下「…らしい」とする）によっても表される。いわゆる「真性モダリティをもたない文」（野田 1989）である。

(22)　「うむ。あれァたしか。明治三十七年……て云うとむかしも昔，大むかしだ。」
　一体こういう人達には平素静に過去を思返して見るような機会も，また習慣もないのが当前なので，鮫屋の爺さんは人にきかれても即座には年数を数え戻すことができないらしい。煙草を一吹して，
「あの時分にゃおれも元気だったぜ。」
　掌《てのひら》で顔中の油汗を撫でたなり黙り込んでしまった。
（永井荷風「勲章」①）

(23)　ひでの耳もとで，春枝が金額をくり返した。
「それでも，よくまあ，それだけに」
　ひでは呟きながら，洗いたてのピンと張った敷布の上で，膝のまわりを手さぐりした。脱け毛を拾っているらしい。　（「青梅雨」B）

(24)　私は夜明け前に岡山に着いて，そこから引返して，最近開通した汽車に乗り，バスに乗り移って，郷里の停留所で下りると，愛嬌のある若い女性が，「荷物をお持ちしましょう」と云って私の軽い鞄を持とうとした。この村の女らしくはないのに，どうしたことかと訊くと，「A 先生のお見舞に来ました」というのである。A の教えている岡山の女学校の生徒であるらしい。　（「今年の秋」①）

これらの「…らしい」は，文章・談話の枠に依存した，「語り」にのみ現れうる文である。(23) は非一人称小説の例であるが，遍在する語り手が作中人物たちのいるその場において判断を行なったものと解せられる。このような場面時の判断を表す「…らしい」の特徴として，ほとんどの場合，「…らしかった」に置き換えることができる。

(22')　……数え戻すことができないらしかった。

(23')　……拾っているらしかった。

(24')　……生徒であるらしかった。

もちろん，小説の地の文に現れる「…らしい」が，すべて場面時の判断を表すわけではない。次の（25)(26）では，語り手の発話時における判断を表していると解釈される。その解釈は，物語全体を現在に属する事柄として描く，冒頭近くの叙述(27)からも支持されよう。この場合，通常の対話の「…らしい」と本質的に同じ用法であって，「…らしかった」に置き換えることはできない。

(25)　もう一度，悠一はごく最近にも，よそから入り込んで来た人に向って号令をかけた。敗戦後，彼が何十回目かの発作を起していたときであった。この部落に炭の買出しに来た海岸町の青年が，この部落の棟次郎という山持ちと辻堂で一ぷくしていると，悠一が出かけて行って「伏せえ」と号令をかけた。その青年が，戦闘帽にお古の払いさげの兵隊服を着ていたので，悠一の倒錯は尚《なお》さら濃くなっていたらしい。

（井伏鱒二「遥拝隊長」）

(25')　……?濃くなっていたらしかった。

(26)　与十が当村大字笹山に帰った日に，遥拝隊長の悠一は発作を起して家をとび出していた。彼は，びっこだから歩くのは不得手だが，普通人では登るのに手を焼くような傾斜でも割合うまく登って行く。傾斜面をおりるとき，普通人なら駆けおりるようなことになるのに，悠一はゆっくりとおりて行く。それは狐つきの女に幾らか近いところがあるためらしい。　（「遥拝隊長」）

(26')　……?近いところがあるためらしかった。

(27)　当村大字《おおあざ》笹山でも，ときどき「こうちがめげる〔部落内にどさくさがある〕」ので，部落内のものが困っている。専《もっぱ》らの原因は，元陸軍中尉，岡崎悠一という者の異常な言動による。

岡崎悠一（三十二歳）は気が狂っている。　　　（「遥拝隊長」）

では逆に，「…らしかった」は場面時の判断を表す「…らしい」に置き換えられるであろうか。これは，可能な場合と困難な場合とがある。

(18')　……不自由らしい。
(19')　……気づいてはいないらしい。
(20')　……控えているらしい。
(21')　……揉んでいるらしい。
(28)　爺さんはその時，写真なんてエものは一度もとって見たことがねえんだヨと，大層よろこんで，日頃の無愛想には似ず，幾度となく有《あ》りがとうを繰返したのであったが，それが其人の一生涯の恐らく最終の感激であった。写真の焼付ができ上った時には，爺さんは人知れず何処かで死んでいたらしかった。楽屋の人達はその事すら，わたくしに質問されて，初《はじめ》て気がついたらしく思われたくらいであった。

（「勲章」①）

(28')　……?死んでいたらしい。
(29)　「渋谷だよ。地下鉄の終点だよ」
　男の声は矢張傷ついた獣のように苦しそうだったが，それでも僕から脱がせる作業の手は休めなかった。そういえば上の方に歩廊の天蓋が見えた。僕は歩廊の壁にあるベンチに寝ているらしい。
　外套を剥取ると男は一寸僕の額に掌をあてて，元気で家に帰れよ，と言ったらしかった。そして歩廊を踏む靴鋲《くつびよう》の音が遠ざかって行った。僕はそのまま再び深い眠りに落ちた。　（梅崎春生「蜆」①）
(29')　……?言ったらしい。

つまり，「らしかった」の前の述語が -タを伴って，「…たらしかった」となっているものは，「…たらしい」に置き換えると不自然なのである。(28')(29')が語り手の発話時における判断を表しているように解せられるのは，-ラ

シイの前に -タを伴う述語がある場合，-タは本来担っている確言の意味を失って，命題の時が発話時から見た過去であることのみを表し，それに後接している -ラシイは発話時の判断を表す，という解釈が優先されるためと考えられる（第2章3）。

しかしまた，小説の地の文において，「…たらしい」は場面時の判断を全く表しえないわけでもない。(30)(31) を見られたい。

(30)　老境を突破するまで生き延びた八人の兄弟のうち，誰が最初に死ぬるかとかねて思っていたが，おれでなくってAであったか。Aは白内障に罹って手術をしたが，その後は殆んど書物を読むに堪えないほどに視力が衰えていたそうである。胃腸も悪く，長い間普通食も食べられぬようになっていたらしい。（「今年の秋」①）

(30')　……?食べられぬようになっていたらしかった。

(31)　私が若しも，Aの葬式の場に立ったとしたら，送別の辞として何と云うべきか。死んだら最後，彼と我とは無縁の人である。死者は死者，生者は生者。親にしろ，兄弟にしろ，絶対無縁であるとすると，言うべき事はないではないか。A自身がすでに自分の危篤状態を兄弟にも知らせるなと，側の者に云っていたらしい。（「今年の秋」①）

(31')　……?云っていたらしかった。

(30)(31) は一見，発話時の判断を表すかのようであるけれども，「今年の秋」という小説は，「私」がかつて死の直前にある弟の「A」を見舞った際の心境を主に描いており，そのような文章全体の枠組があることによって，これらは語り手の場面時における判断を表しているのである[3)]。

以上，本項で述べてきたことを整理すると，次頁の表1のようになる。表中「…るらしい」「…るらしかった」としたのは，-ラシイに前接する述語が -非タを伴う場合を指す。

表 1　小説の地の文における，-ラシイによる，
語り手の判断に関わる文末の表現

表現＼判断の時	発話時	場面時
…るらしい	○	○
…たらしい	○	△
…るらしかった	×	○
…たらしかった	×	○

4.2　作中人物の判断を表す「らしかった」

この項では「…らしかった」のもう一つの用法について見てゆく。それは，非一人称小説に限って認められる，(32)-(35) のようなものである。

(32)　若い歴史科の日本人教師がその時，東京にあるきりしたん遺跡について話している途中だった。三十人ほど集まった学生のうしろで男はぼんやりと立っていたが，もちろん，その話が彼の興味をひいたわけではない。むしろノートを熱心にとっている真面目そうな学生やおごそかな白髪の外人司祭の背中を見ているうちに，これは場ちがいな席に出てしまったという後悔の気持ちが起ってきたほどだった。

話はよくわからなかったが家光の時代に札の辻で処刑された五十人の殉教者のことらしかった。　　　　（遠藤周作「札の辻」）

(33)　女はまだ殻を置かなかった。中身が湛《たた》えられていたあとに，黒茶色の水々しい筋のついた薄肉が弧を描いて貼《は》り残っている。女はそれをフォークで殺《そ》ぐと，大きく殻を傾けて口に移した。

磯の水々しさと香と味とを感じ占めるなり，女は今しがたの味わいを奪い合おうとする口中の部分が幾十もあるように感じた。

揉《も》み合《あ》い方の激しさからすると，そうらしかった。が，女には口中の幾十もの部分が満たされた歓びに一斉にどよめいているようにも感じられた。女の眼の前には，この上ない白さや薄紫や薄青さや銀色などの部分が混り合っている内殻の水々しい輝きだけがあった。口中の

幾十もの部分が満されて歓びに一斉にどよめいているのは，そこに貼《は》り残っていた黒茶色の筋のついた薄肉を口に入れた時，そのような水々しい輝きがどっと流れ込んだためであるように，女には思われた。

（河野多恵子「骨の肉」）

(34)　そう云うそれが葬儀で会うこともないうちに，桂子から劫の結婚を聞いた。あのモーニング着たかなと，ちょっと考えておかしかったが，母は祝いを送ったらしかった。　（幸田文「黒い裾」）

(35)　桂子は，このごろ酒井さんはひどく劫に機嫌がわるくて，劫も三度に一度は口返答をして困ると，ひそひそ話した。だが劫は，昔からの小まめなやりかたで葬式雑務に手際《てぎわ》よく働いて，成功途上にある人の得意さはよほどきびしく押えているらしかった。「千代さん，あなた最近におめでたじゃないの？」と訊いた。あきれた才子だと思った。まだ母にすら云っていない，ついきのう，千代は嫁《とつ》ごうと心にきめたのだった。　（「黒い裾」）

これらの「…らしかった」の -ラシイは，4.1の場合と異なり，語り手ではなく作中人物，すなわち「男」（「札の辻」），「女」（「骨の肉」），「千代」（「黒い裾」）の判断に関わりがあるものと見られる。ところが，作中人物の場面時における判断もまた，「…らしい」によって表されうるのである。

(36)　それ以来，母親のたのしいおもい出話は湯治のことにきまってしまった。湯につかって，三年はたしかに生きのびた，といい，宿の広間にかかった旅まわりの芝居を二晩つづけて見たことも忘れられないらしい。ひとりでじいっと縫物をしているときなども，母親はひそかにおもい出しているのかもしれなかった。そばで宿題をしているとき，ふいにそれを話しかけられたりしたことで，幾代はそうおもうのであった。　（「水」）

(37)　そうして，果物用のフォークを一層華奢《きやしや》に見せている男のしっかりした手が，貝柱を絶ち切ろうとしてフォークを右へ左へ，傾けるたびに力むのに，女は眺め入った。うまく貝柱が切れたらしい。男は小さな巻貝や洗い残りの藻のついている殻ごと縦に口許へ持ってゆくと，ちょっとフォークであしらって，磯の水々しさと香と味とを一気に啜《すす》り込む音を立てた。　(「骨の肉」)

(36)(37)は，非一人称小説の地の文において，全知の語り手が作中人物，すなわち「幾代」(「水」)，「女」(「骨の肉」)の心情に入り込み，作中人物の場面時における判断を，自らのそれのように述べたものと考えられる。このような「…らしい」も，「語り」にしか現れない「真性モダリティをもたない文」であり，やはりほとんどの場合，「…らしかった」に置き換えることができる。

(36')　……忘れられないらしかった。
(37')　……切れたらしかった。

逆に，「…らしかった」は原則として，作中人物の判断を表す「…らしい」に置き換えることができる。

(32')　……殉教者のことらしい。
(33')　……そうらしい。
(34')　……送ったらしい。
(35')　……押えているらしい。

しかし，ときに置き換えられない場合もある。(38)(39) を見られたい。

(38)　遥拝隊長は輸送船のなかで，部下に遥拝させること以上に，兵隊に訓辞をするのが好きらしかった。訓辞をしたいばっかりに遥拝させるのだ，と悪口を云う兵もいた。潜水艦が怖いので大言壮言で虚勢を張っているのだろう，と云う説もあった。　(「遥拝隊長」)

（38'）　……*好きらしい。

（39）　殻つきの牡蠣は季節の関係であの夜が結局最後となったが，夏にはずいぶん鮑を楽しんだものであった。男は鮑の耳も腸も好きで，女に全く与え惜しむのを歓んでいるらしかった。で，女のほうでは，鮑の殻の大きいばかりで味わい出の乏しさを激しく味わい楽しんだ。

（「骨の肉」）

（39'）　……*歓んでいるらしい。

「遥拝隊長」の例は，「上田五郎」という人物が復員後，出征中の出来事について語った箇所であり，「骨の肉」の例は，「男」が去った後で「女」が「男」との生活を回想した箇所である。したがって，いずれの -ラシイも作中人物の判断に関わるものであるが，その判断は場面時ではなく，作中人物の場面時における回想の中の，ある時点において行われたということになる。

本項での観察の結果をまとめると，（40）のようになる。

（40）　非一人称小説の地の文における，作中人物の場面時での判断に関わる文末の表現として，「らしい」と「らしかった」とは等価である。

5. 考察

第 4 節での観察において，「…らしかった」と「真性モダリティをもたない文」としての「…らしい」とは，原則的に置き換え可能であった。そのような「…らしい」は，「…らしかった」と同様に「語り」でしか用いられず，語り手の発話時における判断でないもの，すなわち語り手の場面時における判断や，作中人物の場面時における判断を表す。さらに，「真性モダリティをもたない文」としての「…らしい」は，通常の対話においてなら，（ト）思ウなどの思考引用動詞を伴うべき表現なのである。

（22"）　……数え戻すことができないらしい，と（私には）思われた。

(23") ……拾っているらしい，と（私には）思われた。
(24") ……生徒であるらしい，と（私には）思われた。
(36") ……忘れられないらしい，と（幾代には）思われたのだ。
(37") ……切れたらしい，と（女には）思われたのだ。

例えば上のようにすると，対話でも用いることができる。
これらの事実に基づいて，(41) のように仮定してみよう。

(41)「…らしかった」は真性モダリティをもたない「…らしい」を前提としており，日本語の「語り」の文体が -タを持つ形を標準とするために，それに合わせて「…らしい」を「過去形」にしたものが「…らしかった」である。

すると，「…らしかった」が対話において用いられないのは，「…らしかったの前提に立つ種類の「…らしい」が対話において用いられないのであるから，当然ということになる[4)]。また，「らしかった」という言い方の中の -タ（「-かった」）は，いわゆる「過去」を表すものではなく，「語りの -タ」あるいは「文体上の -タ」とでも呼ぶほかないものであって，「らしい」と「らしかった」との関係が，「激しい／激しかった」「穏やかだ／穏やかだった」のような，通常の -非タと -タの対立とは全く異なる性格をもっているのであるから，「らしかった」という言い方に通常の統語論的解釈はあてはまらず，単文であるはずの「…たらしかった」の中に2回 -タが現れるのも，この「語りの -タ」「文体上の -タ」のためである，ということになる。(41) によってはじめて，「らしかった」に見られる統語上，文体上の特徴が同時に説明されるのである。

「らしかった」という言い方の中の -ラシイは，主体的な判断を表している。ただそれは，語り手の発話時におけるものではありえない。その点で，「…らしい」と「…らしかった」とは異なっている（表1)。このことから結果的に，「らしかった」は「話者（語り手）の発話時における」以外の判断を表す専用の形となり，さらには（28）（29）（38）（39）のように，「真性モダリティをもたない文」としての「…らしい」より，「…らしかった」の方がふさわしいという場合も出てくるものと考えられる。

「話者の発話時における」以外の判断を表すためには，対話なら思考引用動詞を必要とする。「…らしかった」は「真性モダリティをもたない文」としての「…らしい」とともに，「語り」において思考引用動詞を用いずに「話者（語り手）の発話時における」以外の判断を表す，特殊な文体であるといえよう。そのような「…らしい」や「…らしかった」の前後には，それらを文脈の中で支える思考引用動詞がしばしば存在し（（28）（32）−（36）），また，すべての「…らしかった」は「…らしいと思われた」に置き換えることができる[5)]。「語り」には通常の対話にない表現形式や文体が認められるという事実は，現代日本語および他の言語について，様々な研究の指摘するところである[6)]。

6. おわりに

本章では「らしかった」で終わる文がもつ真の性格を明らかにしてきた。その性格は，「かもしれない」「にちがいない」「ようだ」「はずだ」といった形が完全に一語化して，話者の判断を表す形式になりきっているなら，それらの「過去形」である「かもしれなかった」「にちがいなかった」「ようだった」「はずだった」等で終わる文にも，共通に認められるものと予測される。そしてそのことは，いわゆる客体的表現と主体的表現とが，あらためて峻別される契機とはならないであろうか。確かに，ヴォイス，アスペクトなどの文法カテゴリには主体的な側面があり，その主体性を広い意味で「視点」と呼ぶこともできよう。しかし，それは話者が外界の事態を描き取る際の「描き取り方」であって，描き取られた事柄についての判断，すなわちモダリティにおける主体性とは次元が異なると考えられる。この両者の相違を同一スケール上の程度の差と見ることはできないであろう。少なくとも，「らしかった」（および「かもしれなかった」「にちがいなかった」等）という言い方が，通常の統語論的解釈の枠内で，客体的表現と主体的表現の連続性の証拠として挙げられることは不適切と考える。

注

1）本章で，-カモシレナイ，-ニチガイナイ，-ヨウダ，-ハズダといった形式を取り上げないのは，起源としては複文をつくる形に遡るそれらをひとまず除いて，厳密を期するためである。

2）以下，作品名に続く「①」は一人称小説であることを示す。

3）(30)(31) の「…たらしい」を「…たらしかった」に置き換えた (30')(31') が不自然である理由については，注4を参照されたい。

4）「語り」であっても -タを持つ形を基調としていない文体の場合には，「…らしい」を「…らしかった」に変えると不自然になる（(30')(31')）。

5）「らしかった」に前接する -タと -非タは，発話時以前の判断が行われたある時点を基準として対立する。

6）Kuroda（1973），Weinrich（1982），Benveniste（1983:217-233）参照。

参照文献

Benveniste, Émile（エミール・バンヴェニスト）(1983) 岸本通夫（監訳）『一般言語学の諸問題』みすず書房。

金子弘（1989）「動詞＋ラシカッタという言い方をめぐって：会話文・地の文の別と文法カテゴリーの順序」『山形女子短期大学紀要』21，pp.61-77。

金子弘（1990）「文末のラシカッタという表現について：タ止めと推量の主体」『山形女子短期大学紀要』22，pp.65-81。

久野暲（1978）『談話の文法』大修館書店。

Kuroda, S.-Y.（1973）"Where epistemology, style and grammar meet: a case study from Japanese," Anderson, S and Kiparsky, P.（eds.），*A Festschrift for Morris Halle*, pp.377-391, Holt, Rinehart & Winston.

仁田義雄（1991）『日本語のモダリティと人称』ひつじ書房。

丹羽哲也（1992）「過去形と叙述の視点」『国語国文』61（9），pp.16-34，京都大学。

野田尚史（1989）「真性モダリティをもたない文」仁田義雄；益岡隆志（編）『日

本語のモダリティ』pp.131–157，くろしお出版。
野村剛史（1990）「〔展望〕文法（理論・現代）」『国語学』161，pp.20–30，国語学会。
寺村秀夫（1984）『日本語のシンタクスと意味 II』くろしお出版。
渡辺実（1971）『国語構文論』塙書房。
Weinrich, Harald（ハラルト・ヴァインリヒ）（1982）脇阪豊；大瀧敏夫；竹島俊之；原野昇（共訳）『時制論：文学テクストの分析』紀伊国屋書店。

出典

井上靖（他編）『日本の短篇　上・下』（1989 年，文藝春秋）

第５章　モノダの統語的特徴と意味

1. はじめに

日本語には，現代語なら -ノダ，-モノダ，-ワケダといった，説明表現のための文法的形式が存在する。第 10 章はそれらのうちの -ノダに関する通時的研究であるが，-ノダとその周辺を調査したところ，かつては -モノヂャという形式が，表現の上で現代語の「ものだ」という形よりも重要な役割を担っていたことが明らかになった。現代語の「ものだ」に関してはいくつかの先行研究（揚妻 1991，高市 1987;1991，寺村 1978;1981）があるけれども，-ノダの研究の進展に比して，「ものだ」の研究はいまだ不十分の観がある。本章では，現代日本語における「ものだ」について，その意味・用法を，主として統語的特徴の面から分析してゆく。とりわけ，実際に用いられた「ものだ」という形が，「名詞モノ＋叙法形式(「-だ」「-である」「-です」等。第２章 3)」なのか文法化した節外形式なのか，節外形式であるとすればどのような意味を表すのかといったことは，中心的な問題となる。なお，観察の対象は動詞；形容詞；名詞的形容詞（いわゆる形容動詞の語幹）を述詞とする述語に「ものだ」が後接した例に限り，「(名詞句)のものだ」は取り上げない。

2. 「名詞モノ＋叙法形式」である「ものだ」

2.1　消去不可能な「ものだ」

2.1.1　例えば，典型的な節外（モダリティ）形式である -ダロウ（第２章 3）は，そのまま文として成立しうる節に後接するから，-ダロウを消去しても常に文法的な文が残る。（1）を見られたい。

（1）a．太郎は来るだろう。

　　b．太郎は来る。

同様に，「ものだ」が文法化した節外形式であるなら，「ものだ」を消去してみても，残りの部分がまた文として成り立つはずである。「ものだ」が消去できない場合，「ものだ」は「名詞モノ＋叙法形式」であると解される。（2）–（4）を見られたい。

（2）a．これはじゃがいもの皮をむくものだ。

　　b．*これはじゃがいもの皮をむく。

（3）a．夏祭りにはいつもそうめんとはもを食べたものだ。

　　b．夏祭りにはいつもそうめんとはもを食べた。

（4）a．病人はいつも自分より軽症の者に嫉妬《しっと》を感ずるものだ。

（山本周五郎「将監さまの細みち」1）

　　b．病人はいつも自分より軽症の者に嫉妬を感ずる。

(2a) の「ものだ」は明らかに「名詞モノ＋叙法形式」である。

上のような識別の基準を適用すると，いわゆる「解説のモノダ」の多くが，節外形式ではないという結果になる[1)]。（5）（6）を見られたい。

（5）a．何年も前から，「もっと魚を食べよう」というキャンペーンがソ連全土で行われた。畜産の伸びなやみを魚でカバーしようというものだった。（朝日新聞 1977/08）

　　b．……*畜産の伸びなやみを魚でカバーしようといった。

（6）a．自民党の渡辺美智雄氏（渡辺派会長）は十七日，民放テレビの録画撮りで，国連平和協力法案の国会審議に関連して，「〔略〕」と述べた。法案とりまとめの過程で，首相が「自衛隊を海外に派遣しない」と発言したほか，集団的自衛権についての憲法解釈見直しに慎重姿勢を示し始めたとされていることを念頭に，政府・自民党間で詰めた見解に沿った答弁を行うよう注文したものだ。

（朝日新聞 1990/10/18:2 面）

b．……?政府・自民党間で詰めた見解に沿った答弁を行うよう注文した。

(5a)(6a) における「ものだ」を含む文では，いずれも主題（「〜は」）が省略されている。省略された主題は「この運動は」「渡辺氏のこの発言は」といった，先行の文の内容を主題基とするものである。揚妻（1990）が，先行状況を構文上の主題にとる「状況解説」の「ものだ」のモノが形式化していないとするのは，ここで観察した統語的特徴——「ものだ」を消去すると非文法的または不自然な文が残る——から支持される。

2.1.2　ただし,「ものと思われる」などの言い方におけるモノは，一般に「解説のモノダ」のモノと考えられているけれども，消去することが可能である（もちろん，消去しても非文にならないということであって，意味が変わらないわけではない)。(７)(８）を見られたい。

（７）a．洋燈《ランプ》の光がＫの机から斜《ななめ》にぼんやりと私の室に差し込みました。Ｋはまだ起きていたものと見えます。（夏目漱石「こころ」下 38）

b．……Ｋはまだ起きていたと見えます。

（８）a．〔略〕祖母はたいへんな美貌の持ち主で，この時代の女性としては珍しく艶聞のたえまがなかったという。順子は祖母の美貌と気性を受けついだものと思われる。（吉武輝子「女人 吉屋信子」）

b．……順子は祖母の美貌と気性を受けついだと思われる。

通常，思考動詞が要求する引用の助詞 -トの前に名詞があるなら，名詞の後の叙法形式が省略されている。(９)(10）を見られたい。

（９）a．太郎が犯人と思われる。

b．太郎が犯人だと思われる。

(10) a．ここは空き地とみえる。

b．ここは空き地だとみえる。

これに対して，「ものと思われる」等のモノと -トの間に，叙法形式「-だ」を補うことはできない。(11)(12) を見られたい。

(11) a．Kはまだ起きていたものと見えます。(＝(7a))

b．*Kはまだ起きていたものだと見えます。

(12) a．順子は祖母の美貌と気性を受けついだものと思われる。(＝(8a))

b．*順子は祖母の美貌と気性を受けついだものだと思われる。

したがって，「ものと思われる」のモノと，「解説のモノダ」のモノとは別語ととらえるべきである。

「ものと思われる」等の言い方は，「のだと思われる」等に同じ意味で置き換えられる。(13)(14) を見られたい。

(13) a．Kはまだ起きていたものと見えます。(＝(7a))

b．Kはまだ起きていたのだと見えます。

(14) a．順子は祖母の美貌と気性を受けついだものと思われる。(＝(8a))

b．順子は祖母の美貌と気性を受けついだのだと思われる。

(13)(14) のような例から，「ものと思われる」等は「のだと思われる」等の書き言葉における表現，すなわち文体的変異形であることがわかる[2)]。

2.2　消去可能な「ものだ」の解釈

以上，本節では「ものだ」が消去可能か否かを基準とする考察を行い，消去できない「ものだ」は節外形式ではないと判断するに至った。では裏返して，消去できる「ものだ」はすべて節外形式であるかというと，そうとは限らない。(15)-(17) を見られたい。

(15) a．パキスタンの野党 PNA のアーメト事務局長は，二日，四日間に及ぶ同国の政治危機収拾策について政府との間で妥協が成立したと発表した。これは前夜からの徹夜の交渉で達成されたもので，PNA 中央委員会もこの案を承認する見込みという。　(朝日新聞)

b．……これは前夜からの徹夜の交渉で達成されており……。

(16) a．それ〔＝貧困〕はもはや，「あの」世界から訪れてきて，われわれの覚醒を促すものではなくなり，自覚症状なしに，われわれの奥にひそむ病気になった。　(日本ペンクラブ (編)『インド読本』)

b．それはもはや……われわれの覚醒を促さなくなり……。

(17) a．あれは日本の麦茶のようなもので，もともと味わうためではなく咽喉の渇きをいやすために飲むものである。

(日本ペンクラブ (編)『ニューヨーク読本 I』)

b．あれは……咽喉の渇きをいやすために飲む。

(15a)(16a)(17a) の下線部をそれぞれ消去した (15b)(16b)(17b) は非文法的ではないけれども，下線部はいずれも「名詞モノ＋叙法形式」と解釈される。このような「ものだ」については 4.1 で述べる。

3. 2種の節外形式

3.1 感慨を表す -モノダ１

第２節で観察した消去可能な「ものだ」のなかには，それ自体の否定化あるいは疑問化[3)]が不可能なものと，可能なものとがある。(18)(19) を見られたい。

(18) a．夏祭りにはいつもそうめんとはもを食べたものだ。(＝(3a))

b．*夏祭りには必ずしもそうめんとはもを食べたものではない。

c．*夏祭りにはいつもそうめんとはもを食べたものか？

(19) a．病人はいつも自分より軽症の者に嫉妬を感ずるものだ。(＝(4a))

b．病人は必ずしも自分より軽症の者に嫉妬を感ずるものではない。

c．病人はいつも自分より軽症の者に嫉妬を感ずるものか？

まず前者について，否定化や疑問化に抵抗するという性質は，節外形式のうちの，主体的なモダリティ形式にしばしば認められる統語的特徴である。下に，(18a) の場合と同じく否定化，疑問化されない「ものだ」の例を挙げる。(20)–(23) を見られたい。

(20)　思へば遠く来たもんだ　　(中原中也「頑是ない歌」)

(21)　根本は，若いときの彼の顔を思い出し，この男も年を取ったものだなと見ていた。　　(松本清張「棲息分布」)

(22)　毎日掃除していてもよくごみがたまるもんだねえ。　　(円地文子「女坂」)

(23)　世の中には誠に間の抜けた男と女がいるものです。　　(日本ペンクラブ (編)『アンチ・グルメ読本』)

非特定の外的事態群を描く -タを伴った動的述語に後接する用法 ((18a) 等) を「回想」とし，また，特定の外的事態を描く -タを伴った動的述語に後接する用法((20)(21)等)，および -非タを伴った述語に後接する用法((22)(23) 等) を「驚き」「感心またはあきれ」などとすることもある。いずれの「ものだ」にも，話者のある主体的な〔感慨〕を表すという点は共通している。このような「ものだ」を節外形式の -モノダ1と呼ぶことにする[4)]。

3.2　一般的傾向を説く -モノダ2

次に，否定化，疑問化を許す「ものだ」についてであるが，ここで (24) を見られたい。

(24)　ＰはＱものだ。

例えば，(19a) は (24) の型の構文を持つ（Ｐ＝「病人」，Ｑ＝「自分より軽症の者に嫉妬を感ずる」)。寺村 (1984) は，(24) におけるＰを重視して，「「ＰハＱモノダ」というふうに，Ｐがその一文中に存在する〔略〕場合は，その「モノダ」の抽象性にかかわらず，実質名詞としてのモノがダと結びついた構造とし，モノダを助動詞と認めないことにする」(p.300，下点も寺村）との基準を立てている。しかし，下のような場合はどうであろうか。(25)-(27) を見られたい。

(25)　私は世界のあちこちでスラムを見た経験があるが，スラムには陽気なスラムと陰気なスラム，生気があるスラムとないスラムがあるものである。（『ニューヨーク読本 I』）
(26)　旅先ではいろいろなものが目につくものだ。
(27)　貧乏な家からは孝行息子が出て来るものだ。

(25)-(27) はいずれも，(24) のＰが名詞（句）ではなく「名詞(句)＋格助詞」(「スラムに」「旅先で」「貧乏な家から」) となった例であるが，「ものだ」のモノはそれぞれ文中のどの名詞（句）をも指していない。このような「ものだ」は，ある〔一般的傾向〕を話者の意見として説く（決めつける）形式と解される。これを節外形式の -モノダ２と呼ぶことにすると[5]，(24) の構文において，Ｐが単なる名詞（句）である場合（「Ｐは」が省略されていると文脈から判断できる場合を含む）も，「ものだ」という形が -モノダ２にあたる可能性はあることになる（(19a) 等)。-モノダ２が節外形式でありながら否定化，疑問化されうる点は -ワケダ，-ノダも同様で（岡部 1994)，説明の形式に共通の統語的特徴といえよう[6]。

なお，Ｐが存在しない，いわゆる転位陰題文においては，「ものだ」は常に「名詞モノ＋叙法形式」である。(28) を見られたい。

(28)　愛だけが君に必要なものだ。(=「君に必要なものは愛だけだ」)

3.3　第3節のまとめ

以上，本節では，消去可能な「ものだ」が否定化あるいは疑問化されうるか否か，さらに，名詞（句）を主題基とする主題を伴うか否かを基準に考察し，節外形式の -モノダ1と -モノダ2があることを確認した。

4.「ものだ」が節外形式 -モノダ2と解釈されるための条件

4.1　「ものだ」が「名詞モノ＋叙法形式」と解釈される場合

消去可能で否定化，疑問化されうる「ものだ」を含む文が（24）の型を持ち，名詞（句）のPが存在するときに,「ものだ」という形が〔一般的傾向〕を説明する節外形式の -モノダ2と解釈されるためには，P（の主名詞）は任意の非特定[7]でなければならない。P（の主名詞）が定（聞き手にとって特定[7]と推測される）なら,「ものだ」は「名詞モノ＋叙法形式」となる[8]。(29)–(31）を見られたい。

(29)　それはもはや,「あの」世界から訪れてきて，われわれの覚醒を促すものではなくなり〔略〕〔P=「それ」〕(=(16a))

(30)　あれは日本の麦茶のようなもので，もともと味わうためではなく咽喉の渇きをいやすために飲むものである。〔P=「あれ」〕(=(17a))

(31)　そしてその無国籍風の若者たちが，咳ひとつせず，黙りこくり，眼だけは光らせながら互いをぶしつけに観察し合っている。そのさまはかなり異様なものだった。〔P=「そのさま」〕

（日本ペンクラブ（編）『香港読本』）

(29)–(31）の下線部はいずれも「名詞モノ＋叙法形式」である[9]。

4.2 「ものだ」が節外形式 -モノダ２と解釈されうる場合

4.2.1　さて，Ｐ（の主名詞）が任意の非特定であれば，「ものだ」という形は必ず節外形式の -モノダ２となるであろうか。まず，Ｐが「物」でない人間，場所，事柄などを表しているとき，「ものだ」は「名詞モノ＋叙法形式」ではなく，節外形式の -モノダ２であると解される。(32)-(35) を見られたい（波線部がＰにあたる。以下同様)。

(32)　病人はいつも自分より軽症の者に嫉妬を感ずるものだ。(＝(4a))

(33)　一人っ子というのは，両親をはじめおとなが過保護にしすぎて，わがままで，自尊感情がつよく，自己中心的となりやすいものです。おとながやさしく扱うときは，なかなか元気で，調子もいいのですが，それがこどもたち同士となるとおとなのあいだにいるようにはうまくいきません。こどもというのはどの子もたいていが自分本位ですから，遊んでいてもすぐ衝突をするものです。

（丸木正臣――新聞の「しつけコーナー」)

(34)　大都会は騒々しいものだ。

(35)　愛を失うことはつらいものだ。

(32)-(35) の実下線部におけるモノが，それぞれの文のＰを指していると考えることは困難であろう。

4.2.2　しかし次に，Ｐが広義の「物」を表している場合，「ものだ」は節外形式の -モノダ２なのか，「名詞モノ＋叙法形式」なのか，曖昧で識別しがたい[10)]。なぜなら，「ものだ」のモノがＰを指しているとも，なおとらえることができるからである[11)]。(36)(37) を見られたい。

(36)　運命は分からぬものだ。　（永井隆「ロザリオの鎖」)

(37)　丁度質の高まったころの墨は，すずりで軽くするだけでなめらかにおりるものです。　（榊莫山)

4.3　第4節のまとめ

以上，本節では「PはQものだ」(P＝名詞（句））という型の文における「ものだ」に対して，P（の主名詞）が任意の非特定か否か，さらにPが広義の「物」を表しているか否かを基準とした考察を加え，「ものだ」が節外形式の -モノダ2であるための必要条件および十分条件を明らかにした。

5. いわゆる「当為」の「ものだ」

5.1　寺村（1984）

一般に，「ものだ」には「当為」「理想の姿」を表す用法があると考えられているようである。問題になる例として，(38)-(40）を見られたい。

(38)　男の子は泣かないものだ。

(39)　――女は男から好かれ，男から惚れられるものよ。

菊次はそういう。女のほうから惚れると必ず苦労する，相手のよしあしにかかわらず，男には決して惚れるものではない，というのである。（山本周五郎「なんの花か薫る」3）

(40)　墨はゆるゆると，すずりの表面をなでるような気持でするものです。力を入れて，ごしごしこするものではありません。（榊莫山）

この種の「ものだ」について，寺村（1984）は（41）のように述べている。

(41)　微妙なのは（104）〔＝本章（38)〕のような場合である。〔「PハQモノダ」という構文の〕Pは，「男の子」として文頭に存在している。しかし日本語を解する者は誰でも，その「モノダ」と，先の（101）〔＝本章（4a)〕や（102）〔＝本章（36)〕などにおける「モノダ」との意味の違いを解するだろう。(101)(102）のそれが〔略〕本性，本質を表わしているのに対し，(104）のそれは，本性という形をとって「かくあるべし」という当為，または理想の姿を主張する言いかたである。

このような微妙な意味の違いを客観的なテストであぶり出すことはむつかしいが，例えば，Qの部分を何かかんたんな形容詞で置きかえてみて，その場合と当のQモノダのモノダの意味が変わらない場合は，Qモノダは Qモノ＋ダと見ることにし，そうでなく，Qモノダのモノダの意味が，この形でしか表わせない場合，そのモノダは一体化したもの，助動詞化したものと見る，というようなテストが考えられる。上の例でいうと，

(108)　病人はいつも自分より軽症の者に嫉妬を感ずるものだ
(本性)(＝(101))

(109)　病人は　わがままな　ものだ　　　　(本性)
──→ (108) の「モノダ」は，名詞モノ＋ダ

(110)　病人は看病人のいうとおりおとなしく寝ているものだ(当為)

(111)　病人は　おとなしい　ものだ（本性と解釈され，当為とは解釈されない）
──→ (110) の「モノダ」はムードの助動詞

このテストでいくと，上の (104) のモノダは助動詞と判定されることになる。　(寺村 1984:300–301)

(41) のような統語的観点から，寺村 (1984) は (38)–(40) の「ものだ」を「ムードを表わす助動詞の一つの用法」(p.302) としている。

5.2 「ものだ」の語用的意味としての「当為」

しかしながら，(38)–(40) に認められる当為の意味は，「ものだ」という形式が担っているのではない。例えば，(41) の中の「(110)」から「ものだ」を消去した (42) を見られたい。

(42)　病人は看病人のいうとおりおとなしく寝ている。

(42) がおとなしくしない病人に向かって言われるなら，「君はおとなしく

寝ているべきだ」あるいは「君はおとなしく寝ていろ」に相当する，当為や命令を表す文となろう。同様に，(38')-(40') を見られたい。

(38') 男の子は泣かない。〔泣いている男の子に向かって〕
(39') 女は男から惚れられる。自分から男に惚れない。〔男に夢中になっている女に向かって〕
(40') 墨はゆるゆると擦る。ごしごしこすらない。〔力を入れて墨を擦っている人に向かって〕

(38')-(40') に「ものだ」は用いられていないけれども，文脈からすべて当為や命令の表現と解釈される。一般に，非特定の外的事態群を描く -非タを伴った主格意志的な述語を持つ文が，その文の描く事態が聞き手により実現されていない状況において発せられる場合，その文は当為や命令を表すことになる。この当為や命令の意味は文の述語にあるのではなく，いわゆる発語内行為によって生ずる語用的なものである。(38)-(40) が表している当為もまた語用的意味であって，それぞれに含まれる「ものだ」がもつ意味ではない。ただ，-モノダ2は〔一般的傾向〕を説く形式であるため，一般的傾向に相反する現実を非難することにもつながり，当為を表す文をつくり出しやすいとはいえるであろう。

5.3　第5節のまとめ

以上，本節では，「ものだ」を用いた文が当為を表しうるのは，「ものだ」に「当為」の意味があるからではなく，特に節外形式の -モノダ2がその文に語用的意味を与えるからである[12)]ということを論じた。

6.　第5章のまとめ

最後に，本章の第2節から第4節において述べたことを，フロー・チャートの形で示しておく。図1を見られたい。

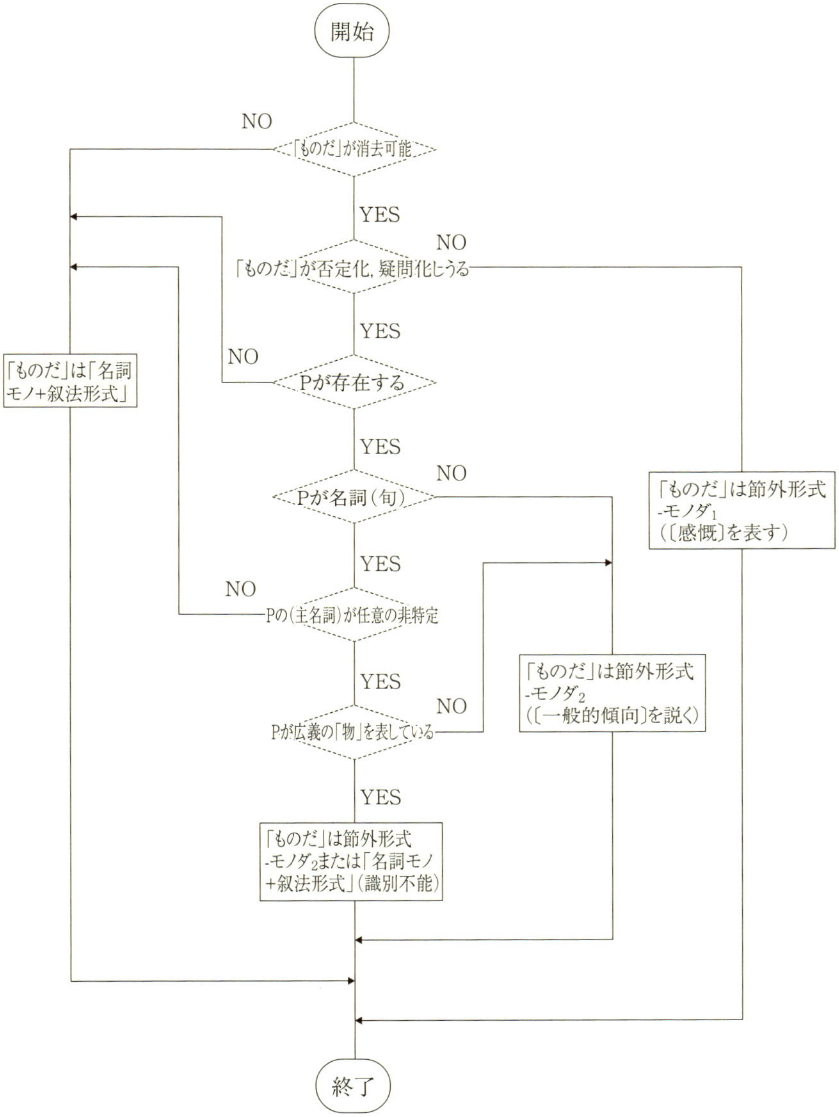

図１　「（Ｐは）Ｑものだ」の「ものだ」は何か

注

1)　「のだ」という形のなかにも，消去できるものとできないものとがある。

（ⅰ）　あすこには私の友達の墓があるんです　（夏目漱石「こころ」上5）

（ⅰ’）　あすこには私の友達の墓があります。

（ⅱ）　父はひとりで便所に行くとき転び，庭石に頭を打って死にましたが，あれは母が父を殺したのです。　（松本清張「新開地の事件」）

（ⅱ’）　……*あれは母が父を殺しました。

（ⅱ）の「のだ」のように消去すると非文が残るものは，節外形式ではないと見て，（ⅰ）の -ノダと区別すべきである（注8）。

2)　「ものと思われる」等のモノは，中世語の -モノヂャあるいは -モノヂャアラウ／-モノデアラウ（第10章注2）に由来すると考えられ，現代語でも書き言葉には中世語の形式と同じ用法の -モノデアロウが現れることがある。

（ⅰ）　おそらくそのため天皇親政派に転向したものであろう〔＝転向したのだろう〕。　（揚妻 1990:88）

（ⅱ）　おそらく家康はこういう意図のもとに増田長盛の密告を利用し，まず前田利長を槍玉にあげようとしたものであろう〔＝したのだろう〕。　（揚妻 1990:89）

（ⅲ）　この農牧に要する新地の必要が〔略〕ひいてはローマへの侵入をはからせることになったものであろう〔＝なったのだろう〕。　（揚妻 1990:90）

（ⅳ）　その本尊をそのまま紙に刷って参詣者に与えたものであろう〔＝与えたのだろう〕。　（揚妻 1990:90）

3)　反語を表す「ものか」は，本章では「ものだ」が疑問化されたものに含めない。

4)　節外形式の -モノダ1は，いわゆる「回想」の用法の場合のみ，「過去形」になりうる。

（ⅰ）　七月の大阪は夏祭でにぎわう。必ずソウメンとハモを食べたものであった。　（吉田留三郎）

しかし，（ⅰ）の「ものだった」の意味は，(18a) の -モノダの意味と変わらない。このような「ものだった」の中の -タ（「-だった」）は，「らしかった」の中の -タ（「-かった」）と同様，「過去の -タ」ではなく「語りの-タ」「文体上の-タ」（第4章）であると考えられる。

また，-モノダ１が表す〔感慨〕と同じ意味を表しつつ従属節をつくる場合は，-モノデという形式が用いられる。

（ⅱ）英国の事情もずいぶん急激に変化していったが，そのつど，チャンセラーの要領のよい説明には，感心させられたもので〔略〕

（日本ペンクラブ（編）『上海読本』）

5）-モノダ２に前接する述語は常に -非タを伴う。

6）ただし，-モノダ２と -ノダとは paradigmatic なだけでなく，syntagmatic な関係にも立つので，両者を単純にまとめることはできない。

（ⅰ）男は行為さえおこなえば，ある程度，満たされるものなのかもしれない。（渡辺淳一「くれなゐ」）

7）ある名詞が文脈において指示する対象を，その名詞が文脈に関わりなく指示しうる他の対象と識別できるなら名詞は特定であり，識別できないなら名詞は非特定である。話者が名詞の指示対象を特定する意思をもたない場合，名詞は任意の非特定となる（福田 2016）。

8）「解説のモノダ」とされている「ものだ」のなかにも消去可能な例はあるが，名詞（句）P（＝文主題の主題基〈の主名詞〉）が定なので，「ものだ」はやはり「名詞モノ＋叙法形式」となる（(15a)：P＝「これ」）。

9）「名詞モノ＋叙法形式」の「ものだ」が消去できるのは，「ものだ」のモノが述語のガ格補語またはヲ格補語の補語基を指している場合にほぼ限られる。

（ⅰ）それはわれわれの覚醒を促すものだ。（モノ＝ソレ ガ 促ス）

（ⅰ'）それはわれわれの覚醒を促す。

（ⅱ）あれはのどの渇きをいやすために飲むものだ。

（モノ＝アレ ヲ 飲ム）

（ⅱ'）あれはのどの渇きをいやすために飲む。

（ⅲ）これはじゃがいもの皮をむくものだ。（モノ＝コレ デ ムク）

（ⅲ'）*これはじゃがいもの皮をむく。（＝(2b)）

なお，このことは文主題の主題基（の主名詞）が定でなく任意の非特定である場合にもあてはまる（注 10）。

10）北村（2007:225）は，例「懐中電灯は暗いところを照らすものだ」について，主題基「懐中電灯」が任意の非特定であり，かつ「物」を表しているにもかかわらず，「ものだ」は概ね「名詞モノ＋叙法形式」とのみ解釈され，曖昧ではないと主張する。しかし，そもそも例文中の「ものだ」は消去が難しく，

「名詞モノ＋叙法形式」と解されるべきものである（注 9）。

（ｉ）　懐中電灯は暗い所を照らすものだ。

（モノ＝懐中電灯 ?ガ／デ 照ラス）

（ｉ’）　?懐中電灯は暗い所を照らす。

11）「ＰはＱものだ」のＰが，「物」でない人間などを「というもの」で承けた形をとることもある。

（ｉ）　女というものはね，おしのちゃん，自分のためにはなにもかも捨てて，夢中になって可愛がってくれる人が欲しいものよ

（山本周五郎「五瓣の椿」10）

（ii）　男というものは，真っすぐに生きるもんだ。

（iii）　医者というものは，不思議に人の寝こみを襲うものであって〔略〕

（日本ペンクラブ（編）『アンチ・グルメ読本』）

上のような場合の「ものだ」も，節外形式の -モノダ 2 か，「名詞モノ＋叙法形式」か識別不能である。

12）揚妻（1997）は，「たとえば⑨〔＝「いいか，このベルは非常の時に押すものだ。いたずらで押すな」〕を当為の文と解釈した場合，「このベルは非常の時に押すべきだ」という誰でもが従うべき道理に聞き手が反することから当為のニュアンスが生じたのである。そし《〔ママ〕》この当為のニュアンスは③「部屋のなかでは帽子をとるものだ」〔略〕と等しい」（p.223）と述べている。しかし，例「③」の「当為のニュアンス」と例「⑨」のそれとは，後者が前者と異なり，実際には否定的当為（禁止あるいは制止）でしかありえない点で，等しくないと考える。筆者の解釈では，「③」（「人は」のような主題が省略されている。「人」は任意の非特定）における「ものだ」は節外形式の -モノダ 2 であり，「⑨」（「ベル」は定）における「ものだ」は「名詞モノ＋叙法形式」である。

参照文献

揚妻祐樹（1990）「形式的用法の「もの」の構文と意味：〈解説〉の「ものだ」の場合」『国語学研究』30，pp.82–94，東北大学。

揚妻祐樹（1991）「実質名詞「もの」と形式的用法との意味的つながり」『東北大学文学部日本語学科論集』1，pp.2–12。

揚妻祐樹（1997）「「ものだ」文の表現構造：「形式」「実質」峻別への疑問」加藤正信（編）『日本語の歴史地理構造』pp.222–233，明治書院。

福田嘉一郎（2016）「主題に現れうる名詞の指示特性と名詞述語文の解釈」福田嘉一郎；建石始（編）『名詞類の文法』pp.167–184，くろしお出版。
北村雅則（2007）「モノダ文における述語名詞モノの役割：文末名詞文の構造との関連性」青木博史（編）『日本語の構造変化と文法化』pp.221–242，ひつじ書房。
岡部寛（1994）「説明のモダリティ：「わけだ」と「のだ」の用法とその意味の違いの比較の観点から」『日本学報』13，pp.15–29，大阪大学。
高市和久（1987）「形式的な名詞述語文」『国語学研究』27，pp.123–132，東北大学。
高市和久（1991）「述語での「もの」の用法」『日本文芸論集』23；24，pp.195–216，山梨英和短期大学。
寺村秀夫（1978）「連体修飾のシンタクスと意味：その４」『日本語・日本文化』7，pp.1–24，大阪外国語大学。
寺村秀夫（1981）「「モノ」と「コト」」馬淵和夫博士退官記念国語学論集刊行会（編）『馬淵和夫博士退官記念国語学論集』pp.743–763，大修館書店。
寺村秀夫（1984）『日本語のシンタクスと意味 II』くろしお出版。

第6章　ノダと主体的表現の形式

1. はじめに

本章では，現代日本語の -ノダという形式と，主体的表現とされる形式との関係について考察する。その結果，-ノダは不明な要素を含む何らかの前提の下で，叙述文の内容が適切と見られることを表すものであり，モダリティ形式の一種ではなく，メタ言語に相当する客体的表現の形式であるということが示される。

2. 主体的形式 -ラシイに後接する -ノダ

2.1　主体的表現の形式 -ラシイ

筆者は第4章において，現代日本語の「らしかった」という言い方の統語的特徴と意味について考察し，（1)-(3）の結論を得た。

（1）「らしかった」で終わる文は，「語り」において思考引用動詞を用いずに「話者(語り手)の発話時における」以外の判断を表す，特殊な文体の一つである。
（2）「らしかった」の中の -タ（「-かった」）はテンスを担うものではなく，「らしかった」という言い方は通常の統語論的解釈の埒外にある。
（3）「らしかった」という言い方の存在は，客体的表現と主体的表現の連続性の証拠にはならない。

（1)-(3）に従えば，現代語の -ラシイは命題（客体的表現の形式によって外界の事態を描き取ったもの）についての話者の判断を表す，主体的表現の形式と見てよいことになる。

2.2　北原（1981a;1981b）の検討：「らしいのだ」の -ラシイの表現性

2.2.1　ところが，-ラシイを客体的形式と解するための他の証拠も提示されている。それは -ノダという形式[1)]との接続関係である。-ノダとの接続関係を基準として「助動詞」を客体的表現と主体的表現に分類したのは，北原（1981a）が最初と見られる。

（4）現代語助動詞の表現性による分類は，金田一のこの卓論〔金田一（1953a;1953b）〕に述べられていることに尽きるといっていい。しかし，ことが表現性という微妙な問題であるだけに，意味だけで判別しようとすると水掛け論に終る可能性がある。そこで一つの基準を示すことにしよう。それは，「のだ」に対する接続である。「のだ」に上接するものが詞の助動詞（時枝流にいえば接尾語）であり，上接しえないものが辞の助動詞である。時枝が接尾語とする「せる」「させる」「れる」「られる」「たい」の五つはもちろん，「だ」「ない」「ある」「た」などは，すべて「のだ」に上接しうる。それに対して，金田一が主体的表現であるとした「う」「よう」「まい」「だろう」などは，「のだ」に上接しえない。「らしい」は推量の助動詞といわれるものであるが，「のだ」に上接しうるので問題がある。金田一は，「らしい」を客体的表現の語だとしている。

どうして，「のだ」に上接するものが客体的表現になるかというと，「のだ」は，〔略〕

A	は	B	のだ

という構造の文を構成し，このＡとＢには客体的表現しか入れないからである。「のだ」と断定される，そのＢは客体的に表現されたものでなければならないからである。（北原 1981a:341–342）

北原（1981a）は他の箇所でも，「「らしい」は，前述のように詞と見ていい」（p.344）と述べている。

2.2.2 「AはBのだ」という構文のAとB，特にBは，本当に客体的表現でなければならないのであろうか[2)]。北原（1981a；1981b）は，「AはBのだ」を名詞述語文の一種と考えているようである。いま（いわゆるウナギ文を除く）一般的な名詞述語文を「AはNだ」で表し，Aが指示する対象を|A|とすると，A；Nともに名詞（句）であるから，それらは当然，客体的表現となる。そして，Aは常に「Nだ」のガ格補語基であり，例えば，

（5）　$_A$太郎は$_N$日本人だ。
（6）　$_A$私は$_N$ここの責任者だ。

の場合，|A|＝|N|という意味関係が成り立っている[3)]。「AはBのだ」についても，AがBのガ格補語基（（7））またはヲ格補語基（（8））である，

（7）　$_A$彼は$_B$花を見るのだ。
（8）　$_A$花は$_B$彼が見るのだ。

などの場合は，|A|＝|B＋「の」|と解釈できるかのように見える。しかし，AがBのガ格補語基でもヲ格補語基でもない場合，例えば，

（9）　$_A$金庫の中には$_B$証券があるのだ。
（10）　$_A$熊本では$_B$人が車をよけるのだ。
（11）　$_A$この蛇口からは$_B$湯が出てくるのだ。

においては，Aが名詞（句）でなく名詞（句）＋格助詞であるから，|A|＝|B＋「の」|といった関係は成り立たない。「AはBのだ」は名詞述語文とは異なる構文であり，B＋「の」を名詞句と見てBを客体的表現と判定するこ

とはできない。

また，確かに -ラシイは -ノダに前接しうるけれども，両者が接合した「らしいのだ」という形における -ノダは，他の場合の -ノダとは異なった統語的振る舞いを示す。(12)-(14) を見られたい。

(12) a．太郎は家にいるのだ。
　　 b．太郎は家にいるらしいのだ。
(13) a．太郎は家にいるのではない。
　　 b．?太郎は家にいるらしいのではない。
(14) a．太郎は家にいるのか？
　　 b．?太郎は家にいるらしいのか[4)]？

一般に -ノダが否定化，疑問化されうる（(13a)(14a)）のに対して，-ラシイが前接する -ノダは否定化や疑問化に抵抗する（(13b)(14b)）。これは，-ラシイがもつ主体的形式としての特徴――それ自体が否定化，疑問化されにくい――が，-ノダの存在に関わらず表れているものと考えられる。(15)-(17) を見られたい。

(15) a．太郎は家にいる。
　　 b．太郎は家にいるらしい。
(16) a．太郎は家にいない。
　　 b．?太郎は家にいるらしくない。〔cf.「太郎は家にいないらしい」〕
(17) a．太郎は家にいるか？
　　 b．?太郎は家にいるらしいか？

2.3　第 2 節のまとめ

以上，本節では，-ラシイが -ノダに前接しうるという現象は，-ラシイを客体的形式と見なす根拠にならないことを明らかにした。第 3 節では，-ラシイが主体的形式であるとすれば，それに後接する -ノダはどのような意味を表すのかについて考察する。

3. 概言のモダリティ形式に後接する -ノダの意味

3.1　野田（1997）の検討：「対人的(ムードの)「のだ」」について

3.1.1　-ノダという形式の意味・用法に関しては，すでに数多くの研究がある。野田（1997）は，（-ノが準体助詞である場合を含めた）「のだ」の全体像を表1のようにまとめている。

表1　野田（1997:247）より

	準体助詞の「の」	スコープの「の(だ)」	ムードの「のだ」	
			対事的「のだ」	対人的「のだ」
①ガノ可変, 無	×	○	○	○
②「の」→「ん」	×	○	○	○
③名詞に後接	×	×	○	○
④「は」が入る	×	×	○	○
⑤否定にならない	—	×	○ （例外:「後悔」）	○ （例外:「否定命令」）
⑥聞き手必要	×	×	×	○
例	[鳥が鳴く]のを聞いた。	彼は[文学部を卒業した]んじゃない。[法学部を卒業した]んだ。	[関係づけ] 南が来ない。たぶん用事があるんだ。 [非関係づけ] そうか，右に行くんだ。	[関係づけ] 行きません。用事があるんです。 [非関係づけ] 走るんだ！
名詞(文)	[鳥の鳴き声]を聞いた。	彼は[文学部の卒業生]じゃない。[法学部の卒業生]だ。	[関係づけに対応] これは，たぶん絹だ。 [非関係づけに対応] そうか，右だ。	[関係づけに対応] これは，絹です。 [非関係づけに対応] スタートだ！

-ノダを「スコープの「の(だ)」」と「ムードの「のだ」」とに二分し,「ムードの「のだ」」のなかに「対事的「のだ」」と「対人的「のだ」」とを認めた点が,野田（1997）の特徴である。これによれば,-ラシイに後接する -ノダは「対人的(ムードの)「のだ」」——聞き手は認識していないが話者は認識している既定の事態を提示し,それを聞き手に認識させようとする話者の心的態度を表すとされる——ということになる。

3.1.2　さて,野田（1997）について検討してみよう。-ラシイの前には -ノダが現れず,「〜らしい」と「*〜のらしい」の対立は見られないが,概言のモダリティ形式（第2章3）のうち,-ダロウ,-カモシレナイ等は -ノダに後接しうる。-ダロウ,-カモシレナイ等に前接する -ノダは,野田（1997）によると,「対事的(ムードの)「のだ」」——話者がそれまで認識していなかった既定の事態を発話時において把握したことを表すとされる——である。（18）を見られたい（網掛は情報の焦点を示す。以下同様）。

（18）a．太郎は君に聞いているの$_1$ではないの$_2$だろう。
　　　b．太郎は君に聞いているの$_1$ではないの$_2$かもしれない。

（18a, b）における -ノダ$_1$は,野田（1997）の言う「スコープの「の(だ)」」——それに前接する部分を名詞化し,事態の成立以外の文要素（「君に」）が否定などの焦点であることを示すとされる——であり,-ノダ$_2$が「対事的「のだ」」にあたる[5)]。「対人的「のだ」」が終助詞 -ヨ・-ネ等と同種の「対人的モダリティ」を表す形式であるなら,概言のモダリティ形式にも後接しうるはずであるが,-ダロウにだけは付くことがない[6)]。（19）（20）を見られたい（「対人的「のだ」」を -ノダ$_3$とする）。

（19）a．太郎は君に聞いているの$_1$ではないの$_2$だろう｛よ／ね｝。
　　　b．太郎は君に聞いているの$_1$ではないの$_2$かもしれない｛よ／ね｝。
（20）a．*太郎は君に聞いているの$_1$ではないの$_2$だろうの$_3$だ。

b．太郎は君に聞いているの$_1$ではないの$_2$かもしれないの$_3$だ。

-ノダ$_3$が-ダロウに後接しない理由について，野田（1997）は「「だろう」は，話し手の発話時の判断のみを示す形式なので，「だろう」で示された判断を「のだ」によってあらためて提示することはできないのである」(p.213)と述べているが，説得力に乏しい。「対人的モダリティ」の形式は一般に，命題についての判断とは異なるカテゴリの，話者の発話時における主体的態度を表し，概言のモダリティ形式と共起可能である。

3.2　益岡（1991）に基づく暫定的一般化

3.2.1　益岡（1991）は，-ノダに関して（21）のように述べている。

(21)　(15)　太郎は花子にプレゼントをした。
　　　(16)　太郎は花子にプレゼントをしたのだ。
　　　(15) は，太郎が花子にプレゼントをしたという事態の存在を断定する文である。これに対して，太郎がある人にプレゼントをしたことを前提として，そのプレゼントの相手が花子であるということを断定するには，(16) のような表現が用いられる。(16) は，事態の存在そのものは前提とした上で，その事態を表す叙述として，「花子にプレゼントをした」という表現が適切である，と断定している。(15) によっては，このような内容を表現することは困難である。（益岡 1991:66）

そして，(21) における「(15)」の種類の文を「存在判断型」の文，(21) における「(16)」の種類の文を「叙述様式判断型」の文と命名し，互いに区別している。

3.2.2　筆者は，益岡（1991）を承けて，-ラシイ，-カモシレナイ等の概言のモダリティ形式に後接する-ノダは，不明な要素を含む何らかの前提（言語情報によって与えられている場合も，そうでない場合もある）の下で，叙述文の内容が適切と見られることを表す形式であると考える。(22)(23) を見られたい (-ノダにより適切とされる叙述文を［　　］で示す。以下同様)。

(22)　驚いたよ。［花子が太郎と結婚するらしい］んだ。

(23)　――浮かない顔してるね。

　　　――［花子が太郎と結婚するらしい］んだ。

何ら前提のない状況において -ノダを用いれば，聞き手が存在する場合でも不自然な言い方になる[7)]。(24a) を見られたい。

(24) a．おい聞いたか，?［花子が太郎と結婚するらしい］んだ。

　　 b．おい聞いたか，花子が太郎と結婚するらしいぞ。

3.3　森山 (1989) に基づく説明：-ダロウと -ノダとの関係

3.3.1　それでは，-ノダが -ダロウに後接しないのはなぜであろうか。-ダロウが他の概言のモダリティ形式と異なる最も明確な統語的特徴は，疑問化を許容するという点である。(25) を見られたい。

(25) a．太郎は家にいるだろうか？

　　 b．?太郎は家にいるらしいか？

ただし，-ダロウが用いられた疑問文は，話者自身の疑いの気持ちを表明するだけで，通常の疑問文のように聞き手に対する質問とはならない。(26) を見られたい。

(26) a．太郎は家にいるだろうか？

　　 b．太郎は家にいるか？

また，-ダロウという形式には，聞き手に確認・同意を要求する (27) のような終助詞的用法も認められる。

（27）　ほら，やっぱり太郎は家にいるだろう？

3.3.2　これらの事実を基に，森山（1989）は，聞き手情報を配慮する文脈か否かという視点から，-ダロウの基本的な意味について（28）のようにまとめている。

（28）

	話し手情報（確定情報）	疑問（不確定情報）
聞き手 配　慮	聞き手情報配慮ダロウ文 ↑（その他の形式）	典型的疑問文
聞き手 非配慮	典型的平叙文 （含，蓋然性判断ダロウ文）	↓（その他の形式） 聞き手情報非配慮ダロウ疑問文

つまり，情報が話し手において確定的な平叙文の場合，典型的には聞き手の情報を配慮しない。聞き手情報を配慮する場合に，ダロウが共同情報確認的に，いわば共同主観形成の意味として働く。ここでのダロウは情報伝達関係に作用する意味である。また，聞き手情報を配慮しない場合は，ダロウは伝達内容に作用し，そのまま，蓋然性判断の意味になる。

一方，話し手において情報が不確定な疑問文の場合，聞き手の情報を当然配慮するはずなのに，ダロウがあれば敢えて配慮しないように表現する意味となる。このふたつをまとめると，ダロウの意味とは，聞き手情報配慮について，平叙文では配慮の方向へ，疑問文では非配慮の方向へと移行させるものであると言える。この根本的な意味は，ダロウが情報伝達関係で marked な意味であることから説明されよう。つまり，情報伝達関係における有標性は，本来的な文の意味からその話し手・聞き手関係をずらすことと言える。そして，それがずれない平叙文の通常の情報伝達関係において，ダロウの意味は伝達内容に対する marked な判断（推量）として働くことができる。この場合

は内容の認定のしかたをずらすことになっている。（森山 1989:114）

すなわち，-ダロウが表す概言の意味は，他の概言のモダリティ形式が表す判断のように積極的なものではなく，益岡（1991）の言葉を借りれば「断定保留」なのである。筆者は，-ダロウが他の概言のモダリティ形式と異なって -ノダを後接させないのは，-ダロウの上のような意味によるものと考えたい。概言のモダリティ形式に後接する -ノダは，先に述べたように，何らかの前提の下で叙述文の内容が適切と見られることを表す形式と解される。-ダロウの基本的な意味が断定保留，あるいは確言の放棄であるなら，-ダロウが用いられた述べ立てが適切であると主張することはできない。このような理由で，概言のモダリティ形式のうちの -ダロウにだけ，-ノダが後接しないのであろう。

3.4　第3節のまとめ

以上，本節では，-ラシイなどの概言のモダリティ形式に後接する -ノダの意味について論じた。あらためて述べると，-ノダが -ラシイ等に後接しえて -ダロウに後接しない理由は，それぞれのモダリティ形式に固有の意味に求められるのであって，-ダロウのみを主体的表現と見る必然性はないのである。第4節では，本節において仮定した -ノダの意味――不明な要素を含む何らかの前提の下で，叙述文の内容が適切と見られることを表す――が，概言のモダリティ形式に後接する場合に限らず，すべての場合の -ノダにあてはまることを明らかにする。

4.　-ノダの一般的意味

4.1　野田（1997）の再検討：「対事的（ムードの）「のだ」」について

4.1.1　ここで，再び野田（1997）について検討してみたい。野田（1997）によれば，「スコープの「の（だ）」」は，事態の成立以外の文要素が否定などの焦点であることを示すもので，従属節，副詞類，格補語等に加えて，述語の一部分をも焦点としうる。(29)-(34) を見られたい（《　　》は項の省略を示す[8)]。以下同様）。

(29)　太郎は病気だったから休んだのではない。雨が降っていたから休んだのだ。

(30)　太郎はうっかり間違えたのではない。わざと間違えたのだ。

(31)　太郎が来たのではない。次郎が来たのだ。

(32)　太郎と花子は離婚するのではない。別居するのだ。

(33)　太郎は《遺書を》書k《い》-φ-たのではない。書k-《か》a さ れたのだ。

(34)　太郎は《試験を》受けるのではない。受けたのだ。

述語の中の核をなす語（(32)），ヴォイス（態）((33))，テンス（(34)）といった要素が -ノダの焦点になりうる[9)]ことは，小金丸（1990）において既に示唆されていた。ただ，何をもって「事態の成立」とするかが問題になってくると考えられる。野田 (1997) は「スコープの「の(だ)」」を，田窪 (1987) の言う，文の階層構造の「B 段階」に位置づけている[10)]。「事態」を表すとされる「B 段階」には，肯定／否定という文法カテゴリも含まれる。しかし，肯定／否定は -ノダによって否定の焦点とされることがない[11)]。(35a)(36a) を見られたい。

(35) a. *太郎は《その本を》買w《つ》-φ-たのではない。買w《わ》-a なかったのだ。

　　b. 太郎は《その本を》買w《つ》-たのではない。借りたのだ。

(36) a. *太郎は《その本を》買w《わ》-a なかったのではない。買w《つ》-φ-たのだ。

　　b. 太郎は《その本を》買w-φ《わ》-a なかったのではない。買w-e《え》-なかったのだ。

述語の核をなす語の語彙的意味による肯定／否定の場合も同様である。(37a)-(39a) を見られたい。

(37) a．*金があ r-u《る》のではない。ないのだ。

b．金があるのではない。夢があるのだ。

(38) a．*金がないのではない。あ r-u《る》のだ。

b．金がないのではない。買うべき物がないのだ。

(39) a．?太郎は死 n-《んで》ているのではない。生きているのだ。

b．太郎は死 n-《んで》ているのではない。気絶しているのだ。

4.1.2　また一方で，野田（1997）は「対事的(ムードの)「のだ」」に関して，

(40)　そもそも，「のだ」のもつムードは，文を名詞文の述部と同じような形にすることから生じたものである。つまり，名詞文の性質から生じたものである。したがって，「のだ」のムードをどう位置づけるかは，名詞文によって表現される「知識表明」（田野村忠温（1990）〔＝田野村 1990a〕），「推量判断実践」（同），「想起」（同）の区別を，文法体系の中で，どう位置づけるかという問題とも関わってくる。

（野田 1997:70）

と規定したうえで，「対事的「のだ」」を主体的形式と見なす根拠として（41a)(42a）のような例を挙げ，それぞれ名詞述語文（41b)(42b）と対応させている[12)]（表 1）。

(41) a．南が来ない。たぶん用事があるんだ。

b．これは，たぶん絹だ。

(42) a．そうか，右に行くんだ。

b．そうか，右だ。

しかし，(41a）あるいは（42a）における -ノダが推量判断や断定判断を表しているかに見えるのは，-ノダを用いた文が判断実践文(田野村 1990a；1990b，第 10 章 5）であることによるもので，-ノダという形式自体にそのよう

な意味があるのではない。しかも，判断実践文としての機能は名詞述語文だけの性質ではない。-非タを伴う述語で終わる文なら，述語の核をなす語の種類に関わりなく推量判断実践文の用法が認められ（田野村 1990b，第2章3），また，断定判断実践文も名詞述語文に限定されるわけではない。(43a)(44)を見られたい。

(43) a．南君は，あしたたぶん用事があるよ。
　　 b．?それはたぶん絹だった。
(44)　うーん，どうも右に行くなあ。〔ゴルフで〕

4.2　一般化

4.2.1　筆者は，3.2.2で仮定した-ノダの意味は，すべての場合の-ノダという形式にあてはまるものと考える。すなわち，-ノダは不明な要素を含む何らかの前提の下で，叙述文の内容が適切と見られることを表すのである。

-ノダにより適切とされる内容が，話者の判断に至らない事柄――命題として表される――にとどまるときは，命題全体が情報の焦点になるか，または命題中のいずれかの要素が焦点になる。後者の場合，どの要素が焦点であるかは，それが述語の外の要素ならプロミネンス（卓立）によって，述語の中の要素なら外の要素の省略によって，主に示される。(45)-(49) を見られたい（命題を【　　】で，プロミネンスを太字で示す。以下同様）。

(45) a．［太郎は【次郎に車を売r-《っ》】た］のだ。〔前提：太郎が何らかの原因で責められている〕
　　 b．［太郎は【次郎に車を売らな】かった］のだ。〔前提：太郎が何らかの原因で責められている〕
(46) a．［太郎は【**次郎に**車を売r-《っ》】た］のだ。〔前提：太郎が誰かに車を売った〕
　　 b．［太郎は【**次郎に**車を売らな】かった］のだ。〔前提：太郎が誰かに車を売らなかった〕

(47) a．［太郎は【次郎に車を売r《っ》-】た］のだ。〔前提：太郎が次郎に何かを売った〕

b．［太郎は【次郎に車を売らな】かった］のだ。〔前提：太郎が次郎に何かを売らなかった〕

(48) a．［太郎は【《次郎に》《車を》売r《っ》-】た］のだ。〔前提：太郎が次郎に車を何らかの手続きによって譲渡した〕

b．［太郎は【《次郎に》《車を》売r《ら》-aな】かった］のだ。〔前提：太郎が次郎に車を何らかの手続きによって譲渡しなかった〕

(49) a．［太郎は【《次郎に》《車を》売r《っ》-φ-】た］のだ。〔前提：太郎が次郎に車を売ったか否かが重要〕

b．［太郎は【《次郎に》《車を》売r《ら》-aな】かった］のだ。〔前提：太郎が次郎に車を売ったか否かが重要〕

命題全体，または命題中の肯定／否定以外の要素が情報の焦点である場合，-ノダはその否定化された形のノデハナイ——叙述文の内容が適切でないと認める——になりうるけれども，肯定／否定が焦点である場合，-ノダは否定化されない。このことは質問に対する否定の応答において明確である。(50)-(54) を見られたい。

(50) a．——（もしかして）［太郎は【次郎に車を売r《っ》-】た］のか？

——いや，［《太郎は》【次郎に車を売r《っ》-】た］のではない。

b．——（もしかして）［太郎は【次郎に車を売らな】かった］のか？

——いや，［《太郎は》【次郎に車を売らな】かった］のではない。

(51) a．——［太郎は【次郎に車を売r《っ》-】た］のか？

——いや，［《太郎は》【次郎に《車を》売r《っ》-】た］のではない。

b．——［太郎は【次郎に車を売らな】かった］のか？

——いや，［《太郎は》【次郎に《車を》売らな】かった］のではない。

(52) a．——［太郎は【次郎に車を売r《っ》-】た］のか？

——いや，［《太郎は》【《次郎に》車を売r《っ》-】た］のではない。

b．——［太郎は【次郎に車を売らな】かった］のか？

——いや，［《太郎は》【《次郎に》車を売らな】かった］のではない。

(53) a．——［太郎は【《次郎に》《車を》（ただでやらずに）売r《っ》-】た］のか？

——いや，［【《次郎に》《車を》売r《っ》-】た］のではない。

b．——［太郎は【《次郎に》《車を》（次郎が買うと言っているのに）売r《ら》-aな】かった］のか？

——いや，［《太郎は》【《次郎に》《車を》売r《ら》-aな】かった］のではない。

(54) a．——［太郎は【《次郎に》《車を》（本当に）売r《っ》-φ-】た］のか？

——いや，*［《太郎は》【《次郎に》《車を》売r《っ》-φ-】た］のではない。

b．——［太郎は【《次郎に》《車を》（本当に）売r《ら》-aな】かった］のか？

——いや，*［《太郎は》【《次郎に》《車を》売r《ら》-aな】かった］のではない。

(35a)-(39a)(54）のような現象はむしろ当然のことであろう。なぜなら，一定の前提のある状況において，肯定／否定を情報の焦点としながら，叙述文の内容の適切性を否定するというのは，表現の意味をなさないからである。何らかの前提の下で，「のだ／のではない」により適切あるいは不適切とされるべき内容が命題であるにもかかわらず，-ノダが「のではない」という形をとらない場合は，(49）のように，命題中の肯定／否定が焦点になっているものと見られる[13)]。

4.2.2　次に，-ノダによって適切とされる叙述文の内容が命題にとどまらず，話者の判断——叙法として表される——をも含むとき，-ノダは3.2.2で見たように，-ラシイなどの概言のモダリティ形式に後接しうることになる。-ノダが判断まで適切と認めるこの用法では，概ね前提が漠然としている。すなわち，特定の外的事態の観察が先行し，認識された事柄が情報の不足を伴うという状況ではない。しかし，何ら前提なく-ノダを用いるのはやはり不自然なのであって（(24a)），-ノダが用いられているかぎり，少なくとも話者は不明な要素を含む何らかの前提に立っていた，すなわち，聞き手が状況について何らかの疑念を抱いていると推測していたか，あるいは話者自身が状況について何らかの疑念を抱いていたものと考えられる。また，この用法の-ノダは常に概言のモダリティ形式に後接するわけではない。-ノダが確言という判断を適切とすることももちろんある。概言が一般に有標であるのに対して，確言はモダリティ形式を伴わない無標（裸の-タ／-非タ）である[14)]。(55)(56) を見られたい。

(55) a．驚いたよ。（何事かと思うだろう？）［花子が太郎と結婚するらしい］んだ。（＝(22)）

b．驚いたよ。（何事かと思うだろう？）［花子が太郎と結婚する-φ-］んだ（って）。

(56) a．――浮かない顔してるね。

――［花子が太郎と結婚するらしい］んだ。（＝(23)）

b．――浮かない顔してるね。

――［花子が太郎と結婚する-φ-］んだ（よ）。

4. 2. 3　さらに，-ノダが命題中の異なる要素を情報の焦点として，あるいは文の階層構造の異なる段階について，叙述文の内容を（不）適切と認める場合には，相応の複雑な前提の下で，1文の中に複数の -ノダが現れる。(57) を見られたい。

(57)　君はまだ太郎に答えなくていい。[[彼は【[【君に聞いてい】る]のではな】い]のかもしれない]のだ。〔前提Ⅰ：太郎が誰かにあることを聞いている。前提 II：前提 I の誰かが「君」であるか否かが重要。前提 III：先行文「君はまだ太郎に答えなくていい」が発話されたが，発話がなされた理由が聞き手に理解できないと推測される〕

ただし，同様の前提の下で，(58) の第二文は非文法的である。

(58)　君が太郎に答える用意をしていてくれないか。*[[彼は【[【君に聞いてい】る] の-φ-】な] のかもしれない] のだ。

-ノダという形式は本来，叙述文の内容が適切で「ある」と見られることを，肯定的に示すものである。そのために，-ノダの否定が情報の焦点になることはあっても（「[[……] のではない] のだ」)，ノダの肯定が焦点になることはないのであろう（「*[[……] の-φ-な] のだ」)。また，（命題を適切とする）-ノダの確言が再び -ノダによって適切とされるような用法も，共通語においては認められない[15)]。(59a) を見られたい。

(59)　君が太郎に答えてくれないか。

a. *[[彼は【君に聞いてい】る] のな-φ-] のだ。

b. [[彼は【君に聞いてい】る] -φ-] のだ。

4.3　第 4 節のまとめ

以上，本節では，あらゆる場合の -ノダの意味について，不明な要素を含む何らかの前提の下で叙述文の内容が適切と見られることを表すと一般化した[16)]。第 5 節では，-ノダという形式の統語的性格をとらえ直す。

5.　メタ言語相当形式としての -ノダ

-ノダは話者のある種の主体的態度──「説明」という文法的意味──を表す形式（助動詞）ととらえられることが多い。しかしながら，-ノダは本質的には，叙述文の内容の適切性を表す客体的表現の形式ととらえるべきものである。ただ，適切と認める内容によっては，-ノダは主体的形式に似た統語的特徴を示すことになる。例えば，4.2.1で述べたように，命題中の肯定／否定が情報の焦点であるとき，-ノダは命題を常に適切として，否定化されることがない。もっともその場合でも，-ノダは概言の叙法形式あるいはモダリティ形式を伴うことはある。(60) を見られたい。

(60) a．[太郎は【《その本を》(本当に) 買w《っ》-φ-】た] {のだ-φ／のだろう／のかもしれない}。
　　b．[太郎は【《その本を》(本当に) 買w《わ》-aな】かった] {のだ-φ／のだろう／のかもしれない}。

ところが，話者の判断まで適切と認める-ノダは，概言の形式を伴うこともない。(61) を見られたい。

(61)　[太郎は家にいるらしい] {のだ-φ／*のだろう／*のかもしれない}。

(60) のような場合の-ノダは，否定との対立を示さない絶対的な肯定を表している。さらに，(61) のような場合の-ノダは，否定，概言，疑問との対立を示さない絶対的な肯定，確言，伝達を表している。

-ノダ自体は客体的表現の形式でありながら，主体的表現の含まれる内容が適切と見られることを表しうるという点から見て，-ノダは引用の形式などと同じように，メタ言語に相当する形式ととらえるべきであろう。これが現代日本語における説明の文法的形式-ノダの統語的性格と考えられる。ただし，例えば-トが希求，意向表明，疑問といった文をも自由に引用するのとは異なり，-ノダは叙述文を適切と認めるのみである。説明表現と引用表現との関係については，今後の研究課題としたい。

注

1)　本章で扱う -ノダは，第5章注1の手続きによって，「準体助詞 -ノ＋叙法形式」ではなく，文法化した節外形式であると認められるものに限る。

2)　そもそも，Bの末尾には主体的な叙法句接辞《phrasal affix》が必ず現れる。北原（1981a；1981b）の議論は結局，「らしいのだ」の「らしい」を1語（概言を表す叙法句接辞 -ラシイ）と見なすか，それとも「-ラシイ（/-らし-/）＋-非タ（/-い/）」（-ラシイは客体的な命題句接辞，-非タは確言を表す叙法句接辞）と見なすかに帰せられる。現代日本語では概言句接辞が名詞を修飾しにくいことから，もし「のだ」の「の」が名詞類なら，上の議論は後者の解釈が有利となりそうである。しかし，この注を含む段落の最後で述べるように，「の」は名詞類ではない。

3)　（5）のN：「日本人」は不定指示，（6）のNの主名詞「責任者」は定指示である（福田 2016）。

4)　森山（1989）の言う「先取り疑問」（pp.86–88）の場合，または森山（1992）の言う「疑問型情報受容文」である場合は，（14b）は適格となる。

5)　野田（1997:211–212）は，「対事的「のだ」」の例として（ｉ）–（iii）を挙げる。

（ｉ）　彼女の表情は，少しの苛立ちで歪んでいる。彼女に彼女自身の事ではなく私の事を尋ねる友人たちに我慢がならないのだろう。
（山田詠美『蝶々の纏足』）

（ii）　切り口は二センチほどの幅なのに，よほど気をつけて指でさわらないと，そこに切り口があることを見落としてしまいそうだった。そこいらのちゃちなナイフではなく，プロの使う，とびきり鋭利なナイフだったのに違いない。　（宮本輝『海岸列車（上）』）

（iii）　だが，今日の彼女は，少し具合が悪いようだ。車を降りるなり，左の手のひらを頬にあてている。虫歯の治療と聞いていたが，腫《は》れてしまったのかもしれない。　（宮部みゆき「おたすけぶち」）

（ｉ）（iii）の -ノダは，既に観察された外的事態の不明な原因（その事態を {引き起こした／引き起こしている／引き起こすべき} 何事か）を指摘するためのもので，命題全体（「彼女に彼女自身の……我慢がならな-」「腫れてしま w-」）を情報の焦点とする（注 12）。（ii）の -ノダは，述語の核をなす名詞句「プロの使う，とびきり鋭利なナイフ」を焦点としている（「～にちがいない」と「～のにちがいない」の対立は不明瞭）。野田（1997）の言う「スコープの「の（だ）」」と「対事的「のだ」」との違いは，情報の焦点が命題の一部分か全体か，あるいは，述語名詞（句）を焦点としないかしうるかであって，両者は本質的に-ノダの同じ用法と見られる。これに従えば，「対事的「のだ」」は「ムード」を表す形式ではないととらえられることになり，(ⅰ)–(ⅲ)の-ノダがモダリティ形式の-ダロウ，-カモシレナイ等とsyntagmaticな関係にある事実とも符合する。

また，概言のモダリティ形式に前接する-ノダが，野田（1997）の言う「スコープの「の(だ)」」に相当する例は普通に見られる。

（ⅳ）　太郎は（私にではなく）君に聞いているのだろう。

（18a, b）の-ノダ2も，実際は否定を焦点とする，「スコープの「の(だ)」」相当例であると筆者は考える（(57)）。

6)　-ノダは-マイにも後接しないが（「*～まいのだ」），否定の概言を表す-マイは，現代語においてはすべて「-ナイ+-ダロウ」に置換可能なものとして取り扱う。

7)　漫画「天才バカボン」（赤塚不二夫原作）の登場人物「バカボンのパパ」の台詞では，ほぼすべての文で-ノダが用いられる。

8)　-ノダが用いられて述語の中の要素が情報の焦点になる場合，主題を除く述語の外の要素は，通常の対話では省略されなければならないようである（工藤1996:6–7）。

9)　述語の中のアスペクト（相）が焦点である例を見出すことは難しい。(34)の-タ／-ルにはテンスと叙法（確言）とが相乗りしているが（第2章3），ここでは確言は前提であり，テンスの要素だけが焦点になっている。

10)　田窪（1987:38–39）は，日本語の文の階層構造を（ⅰ）のようにとらえている。

（ⅰ）

	統語範疇	意味タイプ
A1＝様態・頻度の副詞＋動詞	動詞句	動作の命名
A2＝頻度の副詞＋対象主格＋動詞(＋否定)		過程・状態
B＝制限的修飾句＋動作主格＋A＋(否定)＋時制	節	事態
C＝非制限的修飾句＋主題＋B＋モーダル	主節	判断
D＝呼掛け＋C＋終助詞	発話	伝達

11)　野田（1997:53）もこのことにふれている。

12)　（41a）の-ノダは，特定の外的事態の観察が先行し，その事態の原因が不明という状況で用いられている。-ノダは第二文の命題全体（「用事があr-」）を情報の焦点とし，他の想定される命題（例えば「来たくなくてすっぽかすつもり-」）の否定を含意する。(42a）の-ノダは，実際は野田（1997）の言う「スコープの「の(だ)」」に相当する例で，命題中の要素「右に」を焦点とし，「左に」等の否定を含意する（注5)。

13）野田（1997:199–200）は，「スコープの「の(だ)」」が名詞に後接しにくい証拠として，（i）(ii）のような例を挙げている。

（i）ひとりで生きていくことを考えている。??強がりなのではない。

（ii）ひとりで生きていくことを考えている。強がりではない。

しかし，（i）より（ii）の方が自然なのは，第二文の述語の核をなす名詞が「強がり」であるために，第一文を主題基とする主題「「ひとりで生きていくことを考えている」は」が第二文において省略されていると解釈されるからである。第二文の述語名詞を変えた（iii)(iv）を見られたい。

（iii）ひとりで生きていくことを考えている。変人なのではない。

（iv）ひとりで生きていくことを考えている。*(「ひとりで生きていくことを考えている」は）変人ではない。

14）推量判断実践文では，裸の-非タによっても概言が表される（第2章3)。

15）野田（1997:201–202）もこのことにふれている。なお，筆者の母語である大阪方言では，(59）と同じ意味で，ときに（i）のような言い方が聞かれる(-ネンは共通語の-ノダあるいは「-ノダ+-ヨ」に相当する)。

（i）君が太郎に答えてくれへんか。[[彼は【君に聞いて】る］んや-φ-］ねん。

もちろん，（i）の第二文は「[[彼は【君に聞いて】ん]-φ-］ねん」と言ってもよい。

16）名嶋（2007）は，関連性理論の立場から，-ノダが用いられる前提となる文脈について詳細に記述・分析している。ただ，「「ノダ文と発話状況・先行文脈との間の関連」というものは発話時において，聞き手にとって所与のものとして存在しているものではなく，聞き手が発話解釈の過程において主体的に見出していくものである」(名嶋2007:305）という結論には同意しがたい。少なくとも，話者が聞き手に行なってもらいたいと期待する解釈は，話者の側で決まっていると考えられるからである。また，独話において-ノダが用いられうる点も，名嶋（2007）にとっては問題であろう。独話には仮想的な聞き手がいるものと考えることも可能ではあるが，仮想的な聞き手が主体的に発話を解釈するとは考えにくい。

参照文献

福田嘉一郎（2016）「主題に現れうる名詞の指示特性と名詞述語文の解釈」福田嘉一郎；建石始（編）『名詞類の文法』pp.167–184，くろしお出版。
金田一春彦（1953a）「不変化助動詞の本質：上：主観的表現と客観的表現の別について」『国語国文』22（2），pp.67–84，京都大学。
金田一春彦（1953b）「不変化助動詞の本質：下：主観的表現と客観的表現の別について」『国語国文』22（3），pp.149–169，京都大学。
北原保雄（1981a）『日本語の世界 6　日本語の文法』中央公論社。
北原保雄（1981b）『日本語助動詞の研究』大修館書店。
小金丸春美（1990）「ムードの「のだ」とスコープの「のだ」」『日本語学』9（3），pp.72–82，明治書院。
工藤真由美（1996）「「～ノデハナイ」の意味と機能」『横浜国立大学人文紀要　第二類　語学・文学』43，pp.1–19。
益岡隆志（1991）『モダリティの文法』くろしお出版。
森山卓郎（1989）「認識のムードとその周辺」仁田義雄；益岡隆志（編）『日本語のモダリティ』pp.57–120，くろしお出版。
森山卓郎（1992）「疑問型情報受容文をめぐって」『語文』59，pp.35–44，大阪大学。
名嶋義直（2007）『ノダの意味・機能：関連性理論の観点から』くろしお出版。
野田春美（1997）『「の（だ）」の機能』くろしお出版。
田窪行則（1987）「統語構造と文脈情報」『日本語学』6（5），pp.37–48，明治書院。
田野村忠温（1990a）『現代日本語の文法Ⅰ「のだ」の意味と用法』和泉書院。
田野村忠温（1990b）「文における判断をめぐって」崎山理；佐藤昭裕（編）『アジアの諸言語と一般言語学』pp.785–795，三省堂。

II　歴史的研究

第7章　中古語の非接続叙法体系

1. はじめに

筆者は，命題（言表事態）の真実性を話者がどのようにとらえて文を述べるかによって，異なる言語形式が体系的に選択されるとき，対立するそれらの形式の文法的意味が構成する文法カテゴリを指して，叙法と呼ぶ立場をとる（第2章3）。叙法をこのように規定すると，中古日本語の叙法は，従来，「(用言の)活用[1)]」「(テンス，モダリティの)助動詞」「終助詞」「接続助詞」など，さまざまな品詞あるいは文法現象に分割されて説明されてきたことになる。本章は，筆者が中古語の叙法を体系的に記述することを目指すなかで，非接続叙法（2.1）について記述を試みるものである。

2. 叙法形式と命題形式

2.1　中古語の叙法形式

日本語の叙法を表す形式（句接辞[2)]）は，節の末尾に義務的に現れる[3)]。叙法形式に後接しうる形式は中古語について見ると，（1）に限られる。

（1）a．節に修飾される名詞。
b．とりたて（ある要素を他の暗示される要素と対立させる表現）の形式：副助詞・係助詞一般。
c．話者の聞き手に対する態度を表す形式：終助詞・間投助詞一般。
d．節を後続の節につなぐ形式：接続接語[2)] -ニ・-ヲ，接続接語 -単接バ・-ド（モ）[4)]。

表 1　中古日本語の叙法句接辞

（下線・斜体を施した形式が本章で取り上げるもの）

<table>
<tr><th colspan="4">非接続／接続
命題の真実性のとらえ方</th><th>非接続叙法形式</th><th colspan="2">接続叙法形式</th></tr>
<tr><td rowspan="8">命題が真である蓋然性pについて判断する〔叙述〕</td><td rowspan="3">p＝1</td><td colspan="2">命題の時を時間軸上に定位しない〔確言〕</td><td>-u</td><td rowspan="3" colspan="2"></td></tr>
<tr><td rowspan="2">命題の時を過去に定位する〔回顧〕</td><td>外的事態を実際に観察した時＝命題の時</td><td>-<u>キ</u></td></tr>
<tr><td>命題の時より後で外的事態についての情報を取得した</td><td>-<u>ケリ</u></td></tr>
<tr><td rowspan="4">0＜p＜1〔概言〕</td><td rowspan="3">否定を兼ねない</td><td>命題の時が発話時以後</td><td>-<u>ム</u></td><td rowspan="2">-叙接バ[5)]</td><td rowspan="2">-トモ</td></tr>
<tr><td>命題の時が発話時と同時</td><td>-<u>ラム</u></td></tr>
<tr><td>命題の時が発話時以前</td><td>-<u>ケム</u></td><td colspan="2"></td></tr>
<tr><td colspan="2">否定を兼ねる</td><td>-<u>ジ</u></td><td colspan="2"></td></tr>
<tr><td colspan="3">p＝0〔仮想〕</td><td>-<u>マシ</u></td><td colspan="2">-セバ</td></tr>
<tr><td rowspan="6">命題が真であるように求める〔希求〕</td><td colspan="2" rowspan="3">聞き手の運動・状態を希求する</td><td rowspan="2">否定を兼ねない</td><td>-e</td><td colspan="2"></td></tr>
<tr><td>-<u>ソ</u></td><td colspan="2"></td></tr>
<tr><td>否定を兼ねる</td><td>-<u>禁止ナ</u></td><td colspan="2"></td></tr>
<tr><td colspan="3" rowspan="2">話者自身の運動・状態を希求する</td><td>-<u>(テ/ニ)シカ</u></td><td colspan="2"></td></tr>
<tr><td>-<u>バヤ</u></td><td colspan="2"></td></tr>
<tr><td colspan="3">第三者の運動・状態を希求する</td><td>-<u>ナム</u></td><td colspan="2"></td></tr>
<tr><td rowspan="5">命題のとらえ方を後続節の述語の叙法に委ねる〔保留〕</td><td colspan="3" rowspan="4">否定を兼ねない</td><td rowspan="4"></td><td colspan="2">-i</td></tr>
<tr><td colspan="2">-テ</td></tr>
<tr><td colspan="2">-ツツ</td></tr>
<tr><td colspan="2">-ナガラ</td></tr>
<tr><td colspan="3">否定を兼ねる</td><td></td><td colspan="2">-デ</td></tr>
</table>

（1）以外の形式を後接させうるものは，節の末尾にないことになり，命題形式といえる。

また，日本語の叙法形式のなかには，文末に立ちうるものと，文末に立ちえないものとがあり，後者の形式は節を後続の節につなぐ接続の機能を併せもっている。そこで，前者を非接続叙法形式，後者を接続叙法形式と呼ぶことにする。本章では非接続叙法形式を取り上げる。

中古語の叙法句接辞の体系は，表1のようにまとめることができる。それぞれの形式が持つ異形態と表す意味については，第3節および第4節において具体的に述べる。

2.2　中古語の述語命題形式

命題形式には（1）以外の形式が後接しうる。命題形式は外界の事態を描き取って表し，命題を構成する。

（2）　[[風吹 k]-u《く》$_{(1)}$]〔風が吹いている〕
　　「風吹 k-」：命題　　「-u$_{(1)}$」：叙法形式　　「吹《ふ》 k-」：述詞＝述語核
　　「吹く」：述語　　「風吹く」：節
（3）　[[風吹 k]-a《か》 む$_{(1)}$]〔風が吹くだろう〕
　　「風吹 k-」：命題　　「-a む$_{(1)}$」：叙法形式　　「吹《ふ》 k-」：述詞＝述語核
　　「吹かむ」：述語　　「風吹かむ」：節
（4）　[[君［渡 r]-in《り》]-a《な》 ば]〔彼が渡り着いたら〕
　　「君渡り n-」：命題　　「-a ば」：叙法形式　　「渡《わた》 r-」：述詞
　　「渡り n-」：述語核　　「渡りなば」：述語　　「君渡りなば」：節

中古語の述語に現れる命題形式を，その形態と，述語の先頭に立ちうるか否かに基づいて分類すると，次頁の表2のようになる。各形式が持つ異形態[6)]も表2に収めた。

述語の先頭に立ちうる命題形式（述詞）は，一定の語彙的意味を有し，述語の核をなす。独立型の述詞は名詞と名詞的形容詞に，「四段」型，「ラ変」

表2　中古日本語の述語命題形式

形態＼述語先頭		立ちうる（述詞）	立ちえない（句接辞）
独立型		(例)人: /ひと/(名詞) (例)静カ: /しづか/ (名詞的形容詞)	
動詞型	「四段」型	(例)咲ク: /さ k-/(動詞)	-タマフ: /-i たま F-/~/-たま F-/
動詞型	「ラ変」型	(例)アリ: /あ r-/(動詞)	-ハベリ: /-i はべ r-/~/-はべ r-/ -結果タリ: /-i た r-/~/-た r-/ -リ: /-er-/~/-r-/ -メリ: /-uめr-/~/-るめr-/~/-めr-/~/-かんめr-/ -推定ナリ: /-u な r-/~/-るな r-/~/-な r-/~ /-かんな r-/
動詞型	「一段」型	(例)着ル: /き-/(動詞) (例)蹴ル: /け-/(動詞)	
動詞型	「二段」型	(例)過グ: /すぎ-/~ /すぐ-/(動詞) (例)受ク: /うけ-/~ /うく-/(動詞)	-キコユ: /-i きこえ-/~/-i きこゆ-/~/-きこえ-/ ~/-きこゆ-/ -サス: /-a せ-/~/-a す-/~/-させ-/~/-さす-/ -シム: /-a しめ-/~/-a しむ-/~/-さしめ-/~ /-さしむ-/~/-からしめ-/~/-からしむ-/ -ラル: /-a れ-/~/-a る-/~/-られ-/~/-らる-/ -ツ: /-i て-/~/-i つ-/~/-て-/~/-つ-/~/-かりつ-/
動詞型	「ナ変」型	(例)死ヌ: /しn-/~ /しぬ-/(動詞)	-ヌ: /-in-/~/-i ぬ-/~/-n-/~/-ぬ-/~/-かり n-/~ /-かりぬ-/
動詞型	「カ変」型	(例)来: /こ-/~/き-/~ /く-/(動詞)	
動詞型	「サ変」型	(例)為: /せ-/~/し-/~ /す-/ (動詞)	-ムズ: /-a むず-/~/-むず-/~/-からむず-/
形容詞型	「ク」型	(例)高シ: /たか-/ (形容詞)	-ベシ: /-u べ-/~/-るべ-/~/-べ-/~/-かるべ-/
形容詞型	「シク」型	(例)悲シ: /かなし-/ (形容詞)	-マホシ: /-a まほし-/~/-まほし-/~ /-からまほし-/ -マジ: /-u まじ-/~/-るまじ-/~/-まじ-/~ /-かるまじ-/
「ナリ・タリ」型[7]			-指定ナリ: /-な r-/~/-に-/
特殊型			-ズ: /-az-/~/-an-/~/-a ざ r-/~/-z-/~/-n-/~ /-ざr-/~/-からz-/~/-からn-/~/-からざr-/

型,「一段」型,「二段」型,「ナ変」型,「カ変」型,「サ変」型の述詞は動詞に,「ク」型,「シク」型の述詞は形容詞に,それぞれ分類される。

述語の先頭に立ちえない命題形式は,述詞にさまざまな文法的意味を添え,外的事態の描き取り方を豊富にする句接辞である。概ね,指定を表すもの(-指定ナリ),ヴォイス(態)を表すもの(-サス,-シム,-ラル),アスペクト(相)を表すもの(-ツ,-ヌ,-結果タリ,-リ),否定を表すもの(-ズ),その他の様態を表すもの(-ムズ,-マホシ,-ベシ,-マジ,-メリ,-推定ナリ)に分類される。

「二段」型,「ナ変」型,「カ変」型,「サ変」型,「ナリ・タリ」型,特殊型の命題形式は,後接する語によって選ばれる異形態を持っている[8)]。また,-指定ナリを除く,述語の先頭に立ちえない命題形式は,前接する語によって選ばれる異形態を持っている。-サス,-シム,-ラル,-ツ,-ヌ,-ズらは,前接語と後接語の条件をともに満たすように選ばれる異形態を持っていることになる。変化相(補章3.2)の形を作るアスペクトの句接辞-ヌを例にとると,その異形態は表3のように分布する。

表3　変化相句接辞-ヌの異形態

後接語条件 ＼ 前接語条件	(I) 右欄以外の句接辞の,「ナ変」型前接語に応じた異形態	(II) -メリ・-推定ナリ・-ベシ・-u・-ラム・-トモの,「ナ変」型前接語に応じた異形態
末尾が子音の述語命題形式,特殊型除く	/-in-/ (例) 止 m-*i*《み》*n*《に》-i き	/-i ぬ-/ (例) 止 m-*i*《み》 ぬ-φ
末尾が母音 /i/; /e/ の動詞型命題形式,「サ変」型は /-し-/	/-n-/ (例) 出で *n*《ね》-e	/-ぬ-/ (例) 出でぬらむ(1)
形容詞	/-かり n-/ (例) をかしかり *n*《な》-a む(1)	/-かり ぬ-/ (例) をかしかりぬべし

中古語の述語命題形式の概要については,Fukuda (2016) で述べた。

3. 蓋然性判断（叙述）の非接続叙法形式

3.1　確言

話者が，命題が真である蓋然性を１と判断する[9)]叙法（すべて非接続叙法形式によって表される）のうち，命題の時（＝観察可能時。第１章 3.2，第１章 4）を時間軸上に定位しないものを〔確言〕とする。確言は句接辞 -u によって表される。確言の句接辞 {-u：/-u(1)/～/-u(2)/～/-e/～/-i/～/-る(1)/～/-る(2)/～/-れ/～/-φ/～/-し/～/-き/～/-けれ/} の異形態は，表４のように分布する。異形態 /-u(1)/ と /-u(2)/，/-る(1)/ と /-る(2)/ はアクセントが異なっていたと推定され（屋名池 2004），句接辞 -ム・-ラム・-ケム・-ジ・-マシらにも同様の異形態があったと見られる[10)]。

表４　確言句接辞 -u の異形態

統語条件 前接語条件	(I) 右２欄以外の場合の文末	(II) 主節内に -ゾ・-ナム・-ヤ・-カ・疑問語がある文末，-ゾ・-カ・-カナ・-ヨ・-ニ・-ヲの前，名詞修飾	(III) 主節内に -コソがある文末，-単接バ・-ド（モ）の前
「四段」型	/-u(1)/	/-u(2)/	/-e/
「ラ変」型,「ナリ・タリ」型（-な r-）	/-i/	/-u(2)/	/-e/
特殊型（-z-）	/-u(1)/	——	——
特殊型（-n-）	——	/-u(2)/	/-e/
特殊型（-r-）	——	/-u(2)/	/-e/
「一段」型	/-る(1)/	/-る(2)/	/-れ/
「二段」型（-u-），「ナ変」型（-ぬ-），「カ変」型（く-），「サ変」型（-す-）	/-φ/	/-る(2)/	/-れ/
「ク」型[11)]	/-し/	/-き/	/-けれ/
「シク」型[12)]	/-φ/	/-き/	/-けれ/

（５）　いかなる行《い》き触《ぶ》れにかからせたまF《ふ》-*u*(2)ぞや〔…ご遭遇なさったのか〕（＝補章（43））　（源氏物語・夕顔）

（６）　この上《かみ》の聖《ひじり》の方《かた》に，源氏の中将の，瘧病《わらはやみ》まじなひにものしたまひけるを，ただ今なむ聞きつけはべr《る》-*u*(2)〔…聞きつけました〕（＝補章（44））　（源氏物語・若紫）

（７）　まうとは，何しにここにはたびたびは参r《る》-*u*(2)ぞ〔…来るのか〕（＝補章（49））　（源氏物語・浮舟）

（８）　おほやけの御近き衛《まも》りを，私《わたくし》の随身《ずいじん》に領《りやう》ぜむと争F《ひ》-i たまF《ふ》-*u*(2)よ〔…争いなさっていることよ〕（＝補章（48））　（源氏物語・横笛）

（９）　今日なむ参r《り》-i はべr《る》-*u*(2)〔…参上します〕（＝補章（45））　（源氏物語・葵）

（10）　色にはいでじ人もこそ知r《れ》-*e*〔…知る（と大変だ）〕（古今集・2・104）

（11）　殿は粟田山《あはたやま》越えたまF《ひ》-i ぬ-*φ*〔…お越えになった（もう道を空けさせなければならない）〕（＝補章（30））　（源氏物語・関屋）

（12）　事のありさまはくはしくとり申s《し》-i つ-*φ*〔…申し上げた（今は聞き手が事情を知っている）〕（＝補章（33））　（源氏物語・夢浮橋）

（13）　はや船に乗れ，日も暮れぬ-*φ*〔…暮れてしまう〕　（伊勢物語・9）

（14）　はてはいかにしつる(2)ぞ〔…どうするのか〕（＝補章（34））　（源氏物語・若菜下）

（５）-（10）は，アスペクトの句接辞-ヌ・-ツ・-結果タリ・-リらを伴わない中立相（非変化非結果相，補章3.4）の例であり，また，（11）-（14）は，句接辞-ヌ・-ツを伴う変化相の例であるが，命題の時が発話時に対して以前（（５）（６）），同時（（７）（８）（11）（12）），以後（（９）（10）（13）（14））のいずれの場合も，確言句接辞-uが用いられている。このように，中古語の確言の叙法形式には，命題の時と発話時との前後関係による形態の対立，すなわち（発話時を基準とする）テンス（時制）が認められず，叙法が確言である場合，話者は命題の時を時間軸上に定位しないといえる。

-uの諸形態は同一語の異形態と見ることができ，それらの選択は言語慣習によるものであったと考えられる。-ゾ，-ナム，-ヤ，-カ，-コソ，疑問語の「係り」に対する「結び」も，推定される中古語の共時態においては，一種のとりたての形式と慣習的に呼応する，叙法句接辞の異形態である[13]。それぞれのとりたて方は，-ゾ，-ナムなどの形式自体が表している。

異形態の選択を誤れば，当時の言語慣習からして誤用となったはずであるが，適正とされる選択は慣習によって規定されているにすぎないため，誤ったとしても話者の意図が伝わらないということは起こらない。

(15)　いと苦しさまさ r-i《り》 はべ r-*u*《る》(2)〔…増してきました〕

（源氏物語・澪標）

(15) のような，表4の (I) の場合に (II) の場合の形を用いた例は，中古語において既に珍しくなく（山内 2003:143），後に (I) の場合の異形態は口語から消滅する（いわゆる「連体形」「終止形」の合一。/-u(1)/；/-る(1)/ のアクセントは行われなくなる）。また，表4 (III) の場合の形については，-コソと呼応する用法が近世に入って消え，後接していた -ド（モ）の使用も近代以前に廃れた結果，-単接バを後接させる用法のみが残った。叙法句接辞 /-e/~/-れ/~/-けれ/ が常に /-ば/ を後接させるなら，それは /-e ば/~/-れば/~/-ければ/ という句接辞（接続叙法形式）と分析されるべきものであり，意味も 3.3 で述べる概言を表すように変化したことが認められる（第8章）。このようにして，現代日本語の確言を表す句接辞は，表4 (II) の場合の形に由来するもののみとなっている[14]。

3.2　回顧

3.2.1　話者が，命題が真である蓋然性を1と判断する叙法のうち，命題の時を過去に定位するものを〔回顧〕とする。回顧は句接辞 -キ・-ケリによって表される。-キによる回顧では，話者が外的事態を実際に観察した時が，命題の時として過去に定位される[15]。他方，-ケリによる回顧では，話者が命題の時より後で取得した外的事態についての情報（伝聞情報を含む）に基づいて，命題の時が過去に定位される。現代語の対話においては，-ケリに対応する確言はできない（第2章4.1.1）。

3.2.2 回顧の句接辞 {-キ：/-i き/~/-i し/~/-i しか/~/-き/~/-し/~/-しか/~/-かりき/~/-かりし/~/-かりしか/} の異形態は，表5のように分布する。

表5　回顧（追憶）句接辞 -キの異形態

統語条件 ＼ 前接語条件	(I) 右2欄以外の場合の文末	(II) 主節内に -ゾ・-ナム・-ヤ・-カ・疑問語がある文末，-ゾ・-カ・-カナ・-ヨ・-ニ・-ヲの前，名詞修飾	(III) 主節内に -コソがある文末，-単接バ・-ド（モ）の前
「四段」型,「ラ変」型,「ナ変」型（-n-),「ナリ・タリ」型（-な r-)，特殊型(-r-)	/-i き/	/-i し/	/-i しか/
「一段」型,「二段」型（-i-；-e-)	/-き/	/-し/	/-しか/
「カ変」型(こ-；き-)	——	/-し/	/-しか/
「サ変」型（-せ-)	——	/-し/	/-しか/
「サ変」型（-し-)	/-き/	——	——
「ク」型,「シク」型	/-かりき/	/-かりし/	/-かりしか/

(16)　昨夜《よべ》，御車率《ゐ》て帰りはべ r-in《りに》-*i* き〔…帰って来ました（宮自身は帰宅しないことが判明した)〕　（源氏物語・宿木）
※話者は車が帰り着くのを実際に観察した。

(17)　皇子《みこ》たちあまたあれど，そこをのみなむかかるほどより明け暮れ見し〔…見てきた〕　（源氏物語・紅葉賀）

3.2.3 回顧の句接辞 {-ケリ：/-i けり/~/-i ける/~/-i けれ/~/-けり/~/-ける/~/-けれ/~/-かりけり/~/-かりける/~/-かりけれ/} の異形態は，次頁の表6のように分布する。

表6　回顧（遡及）句接辞 -ケリの異形態

統語条件 前接語条件	(I) 右２欄以外の場合の文末	(II) 主節内に -ゾ・-ナム・-ヤ・-カ・疑問語がある文末，-ゾ・-カ・-カナ・-ヨ・-ニ・-ヲの前，名詞修飾	(III) 主節内に -コソがある文末，-単接バ・-ド（モ）の前
「四段」型，「ラ変」型，「ナ変」型（-n-），「ナリ・タリ」型（-な r-），特殊型（-r-）	/-i けり/	/-i ける/	/-i けれ/
「一段」型，「二段」型（-i-, -e-），「カ変」型（き-），「サ変」型（-し-）	/-けり/	/-ける/	/-けれ/
「ク」型，「シク」型	/-かりけり/	/-かりける/	/-かりけれ/

(18)　初瀬《はつせ》になむ，昨日《きのふ》みな詣《まう》で -n-*i*《に》 ける〔…出かけた（留守になった）そうだ〕　（源氏物語・手習）

※話者は邸の住人らが出立した後で，そのことについて留守番の者から聞いた。

(19)　犬なども，かかる心あるものな r《り》-*i* けり〔…こんな心があるものだったのだなあ〕　（枕草子・上に候ふ御猫は）

※話者は，犬にも人間のような心があることを知っているべきであった時より後で，そのことを知った。

3.2.4　叙法が回顧であるとき，命題の時は必然的に発話時以前となり，過去の時を表す副詞類が用いられると，ほとんどの場合，表1の p=1 の述語は -キ，-ケリをとる（(16)(18)）。しかしながら，p=1 の述語は命題の時が発話時以前なら -キ，-ケリをとるという原則（-キ，-ケリが用いられていなければ過去ではないという原則）がないため（(5)(6)），-キ，-ケリはテンスを表す形式とはいえない[16)]。

3.3　概言

3.3.1　話者が，命題が真である蓋然性pについて，0＜p＜1と判断する叙法を〔概言〕とする[17]。概言は非接続叙法形式と，接続叙法形式（句接辞-叙接バ・-トモ）によって表される。

概言を表す非接続叙法形式には，句接辞-ム・-ラム・-ケム・-ジがある。-ム，-ラム，-ケムは，命題の時が発話時に対して以後（未来）か，同時（現在）か，以前（過去）かによって対立するという，テンスの体系をなす[18]。また，-ジは概言の意味に加えて，否定の意味を兼ねている。

3.3.2.1　概言の句接辞{-ム：/-aむ(1)/~/-aむ(2)/~/-aめ/~/-む(1)/~/-む(2)/~/-め/~/-からむ(1)/~/-からむ(2)/~/-からめ/}の異形態は，表7のように分布する。

表7　概言（未来）句接辞-ムの異形態

統語条件＼前接語条件	(I) 右2欄以外の場合の文末	(II) 主節内に-ゾ・-ナム・-ヤ・-カ・疑問語がある文末，-ゾ・-カ・-カナ・-ヨ・-ニ・-ヲの前，名詞修飾	(III) 主節内に-コソがある文末，-単接バ・-ド（モ）の前
「四段」型，「ラ変」型，「ナ変」型（-n-），「ナリ・タリ」型（-なr-），特殊型（-r-）	/-aむ(1)/	/-aむ(2)/	/-aめ/
「一段」型，「二段」型（-i-, -e-），「カ変」型（こ-），「サ変」型（-せ-）	/-む(1)/	/-む(2)/	/-め/
「ク」型，「シク」型	/-からむ(1)/	/-からむ(2)/	/-からめ/

(20)　海賊《かいぞく》報《むく》いせむ(1)〔…仕返しをしてくるだろう〕

（土佐日記・1月21日）

(21)　我こそ死n-a《な》め〔…死んでしまおう〕　（竹取物語・19）

(22)　ものはかなき身には過ぎにたるよそのおぼえはあ r-*a*《ら》めど〔…あるだろうが〕　（源氏物語・若菜下）

(23)　いと難《かた》きことなりとも，わが言 F-*a*《は》む*(2)*ことはたばか r-i《り》てむ*(1)*や〔…私が言うことなら工夫してくれるだろうか〕　（源氏物語・浮舟）

3.3.2.2　概言の句接辞 {-ラム：/-u らむ(1)/～/-u らむ(2)/～/-u らめ/～/-るらむ(1)/～/-るらむ(2)/～/-るらめ/～/-らむ(1)/～/-らむ(2)/～/-らめ/～/-かるらむ(1)/～/-かるらむ(2)/～/-かるらめ/} の異形態は，表 8 のように分布する。

表 8　概言（現在）句接辞 -ラムの異形態

統語条件 ＼ 前接語条件	(I) 右 2 欄以外の場合の文末	(II) 主節内に -ゾ・-ナム・-ヤ・-カ・疑問語がある文末，-ゾ・-カ・-カナ・-ヨ・-ニ・-ヲの前，名詞修飾	(III) 主節内に -コソがある文末，-単接バ・-ド（モ）の前
「四段」型,「ラ変」型,「ナリ・タリ」型（-な r-），特殊型（-r-）	/-u らむ(1)/	/-u らむ(2)/	/-u らめ/
「一段」型	/-るらむ(1)/	/-るらむ(2)/	/-るらめ/
「二段」型（-u-），「ナ変」型（-ぬ-），「カ変」型（く-），「サ変」型（-す-）	/-らむ(1)/	/-らむ(2)/	/-らめ/
「ク」型，「シク」型	/-かるらむ(1)/	/-かるらむ(2)/	/-かるらめ/

(24)　故里《ふるさと》は雪とのみこそ花は散 r-*u*《る》らめ〔…散っているだろう〕　（古今集・2・111）

(25)　あはれてふ言《こと》をあまたにやらじとや春におくれてひとり咲 k-*u*《く》らむ*(2)*〔…咲いているのだろうか〕　（古今集・3・136）

3.3.2.3　概言の句接辞 {-ケム：/-i けむ(1)/～/-i けむ(2)/～/-i けめ/～/-けむ(1)/～/-けむ(2)/～/-けめ/～/-かりけむ(1)/～/-かりけむ(2)/～/-かりけめ/} の異形態

は，表9のように分布する。

表9　概言（過去）句接辞-ケムの異形態

統語条件＼前接語条件	(I) 右2欄以外の場合の文末	(II) 主節内に-ゾ・-ナム・-ヤ・-カ・疑問語がある文末，-ゾ・-カ・-カナ・-ヨ・-ニ・-ヲの前，名詞修飾	(III) 主節内に-コソがある文末，-単接バ・-ド（モ）の前
「四段」型,「ラ変」型,「ナ変」型（-n-),「ナリ・タリ」型（-な r-)，特殊型(-r-)	/-i けむ(1)/	/-i けむ(2)/	/-i けめ/
「一段」型,「二段」型(-i-；-e-),「カ変」型（き-),「サ変」型（-し-)	/-けむ(1)/	/-けむ(2)/	/-けめ/
「ク」型,「シク」型	/-かりけむ(1)/	/-かりけむ(2)/	/-かりけめ/

(26)　京やすみ憂《う》かりけむ(2)〔…住みにくかったのだろうか〕（伊勢物語・8）

(27)　雨降れど露ももらじを笠取《かさとり》の山はいかでかもみぢ染めけむ(2)〔…どうして木々が色づき始めたのだろうか〕（古今集・5・261）

3.3.2.4　概言の句接辞｛-ジ：/-a じ(1)/~/-a じ(2)/~/-じ(1)/~/-じ(2)/~/-からじ(1)/~/-からじ(2)｝の異形態は，次頁の表10のように分布する。

(28)　月影のいたらぬ里もあ《ら》r-a じ(1)〔…あるまい〕（古今集・17・880）

(29)　京にはあ《ら》r-a じ(1)〔…居まい〕（伊勢物語・9）

(30)　雨降れど露もも《ら》r-a じ(2)を〔…漏れないだろうに〕笠取《かさとり》の山はいかでかもみぢ染めけむ（＝(27)）（古今集・5・261）

3.3.3　(21)(29) における-ム（/-a め/），-ジ（/-a じ(1)/）が（肯定または

表 10　概言（兼否定）句接辞 -ジの異形態

統語条件 前接語条件	(I) 右欄以外の場合の文末	(II) 主節内に-ゾ・-ナム・-ヤ・-カ・疑問語がある文末，-ゾ・-カ・-カナ・-ヨ・-ニ・-ヲの前，名詞修飾
「四段」型，「ラ変」型， 「ナ変」型（-n-）， 「ナリ・タリ」型（-な r-）	/-a じ$_{(1)}$/	/-a じ$_{(2)}$/
「一段」型，「二段」型（-i-；-e-）， 「カ変」型（こ-）， 「サ変」型（-せ-）	/-じ$_{(1)}$/	/-じ$_{(2)}$/
「ク」型，「シク」型	/-からじ$_{(1)}$/	/-からじ$_{(2)}$/

否定の）話者の志向を表すのは，述詞死ヌ（/し n-/），アリ（/あ r-/）が表す動き・状態の主が話者であり，かつ，述語が描く外的事態を話者の意志で制御できるという語用論的条件による。また，(23) における「言はむ」の -ム（/-a む$_{(2)}$/）は，伝統的国文法では「婉曲」「仮定」を表すなどと説明されるが，これは，現代日本語の名詞修飾述語に概言という叙法が欠けている（確言と概言の対立がなく，解釈は文脈に委ねられる）ためである。

3. 4　仮想

話者が，命題が真である蓋然性 p について，p＝0 と判断する叙法を〔仮想〕とする[17)]。仮想は句接辞 -マシ（非接続叙法形式）と句接辞 -セバ（接続叙法形式）によって表される。仮想を表す句接辞 {-マシ：/-a まし$_{(1)}$/~/-a-まし$_{(2)}$/~/-a ましか/~/-まし$_{(1)}$/~/-まし$_{(2)}$/~/-ましか/~/-からまし$_{(1)}$/~/-からまし$_{(2)}$/~/-からましか/} の異形態は，次頁の表 11 のように分布する。

(31)　あひ見ずは恋しきこともなからまし$_{(1)}$〔…仮想世界では無いだろう〕　（古今集・14・678）

(32)　世の中にたえてさくらのなかりせば春の心はのどけからまし$_{(1)}$〔…仮想世界では穏やかだろう〕　（伊勢物語・82）

表11　仮想句接辞-マシの異形態

統語条件 ＼ 前接語条件	(I) 右2欄以外の場合の文末	(II) 主節内に-ゾ・-ナム・-ヤ・-カ・疑問語がある文末, -ゾ・-カ・-カ　ナ・-ヨ・-ニ・-ヲの前，名詞修飾	(III) 主節内に-コソがある文末，-単接バ・-ド（モ）の前
「四段」型,「ラ変」型,「ナ変」型（-n-),「ナリ・タリ」型（-な r-)，特殊型(-r-)	/-a まし(1)/	/-a まし(2)/	/-a ましか/
「一段」型,「二段」型（-i-； -e-),「カ変」型（こ-),「サ変」型（-せ-)	/-まし(1)/	/-まし(2)/	/-ましか/
「ク」型,「シク」型	/-からまし(1)/	/-からまし(2)/	/-からましか/

(33)　その聞きつらむ所にて，きとこそはよ m-*a*《ま》 ましか〔…仮想世界では（歌を）詠むだろう（≒詠めばよかったのに)〕

（枕草子・五月の御精進のほど）

(34)　まして，龍を捕へた r-*a*《ら》 ましかば〔…仮想世界で捕まえると〕，また，こともなく我は害せられ n-*a*《な》 まし*(1)*〔…仮想世界では殺されただろう〕　（竹取物語・13）

4.　希求の叙法形式

4.1　希求とは

話者が，命題が真であるように求める叙法を〔希求〕とする。希求は，非接続叙法形式である句接辞 -e・-ソ・-禁止ナ・-(テ／ニ)シカ・-バヤ・-ナムによって表される。-e，-ソ，-禁止ナは聞き手の運動・状態への希求を，-(テ／ニ) シカ，-バヤは話者自身の運動・状態への希求を，-ナムは第三者の運動・状態への希求を，それぞれ表す。

4.2　聞き手の運動・状態への希求

4.2.1　希求の句接辞 {-e：/-e/~/-よ/~/-かれ/}[19] の異形態は，表 12 のように分布する。

表 12　希求（命令）句接辞 -e の異形態

前接語条件	
「四段」型，「ラ変」型，「ナ変」型（-n-），「ナリ・タリ」型（-な r-），特殊型（-r-）	/-e/
「一段」型，「二段」型（-i-；-e-），「カ変」型（こ-）[20]，「サ変」型（-せ-）	/-よ/
「ク」型，「シク」型	/-かれ/

（35）　散りぬとも香をだにのこ s-*e*《せ》〔…残せ〕　（古今集・1・48）

（36）　これに置きてまゐらせよ〔…差し上げなさい〕　（源氏物語・夕顔）

（37）　悪しかるべくは，よかれ〔…うまくいけ〕と思ふとも惑ひなむ　（うつほ物語・蔵開下）

（38）　さらば寝たま F-in《ひね》-*e* かし〔…おやすみなさいませ〕　（源氏物語・紅葉賀）

（39）　川に流 s-i《し》てよ〔…流してしまってください〕　（源氏物語・手習）

（40）　随身《ずいじん》一人二人仰せお k-i《き》た r-*e*《れ》〔供を 1 人か 2 人命じておけ〕　（源氏物語・若紫）

（41）　悪しき譬を欲《ねが》 F-a《は》ざ r-*e*《れ》〔…思い描いてはいけない〕　（日本霊異記・41）

4.2.2　希求の句接辞 {-ソ：/-i そ/~/-そ/} の異形態は，表 13 のように分布する。

表 13　希求（命令）句接辞 -ソの異形態

前接語条件	
「四段」型，「ラ変」型，「ナ変」型（-n-）	/-i そ/
「一段」型，「二段」型（-i-；-e-），「カ変」型（こ-），「サ変」型（-せ-）	/-そ/

(42)　我には，さらにな隠s《し》-*i* そ〔…隠しだてしないでくれ〕
（源氏物語・蜻蛉）

(43)　物思ふ我《われ》に声な聞k《か》-a せそ〔…聞かせてくれるな〕
（古今集・3・145）

-ソは通常，否定の意味をもつ副詞ナと呼応して用いられ[21]，「ナ＋命題形式＋-ソ」全体で，禁止（聞き手の未来の運動・状態が真とならないように希求する）または制止（聞き手の現在の状態が未来において真でなくなるように希求する）を表す。

4.2.3　希求の句接辞 ⌇-禁止ナ：/-u な/~/-るな/~/-な/⌇ の異形態は，表 14 のように分布する。

表 14　希求（禁止）句接辞 -ナの異形態

前接語条件	
「四段」型	/-u な/
「一段」型	/-るな/
「二段」型（-u-），「カ変」型（く-），「サ変」型（-す-）	/-な/

(44)　わが名もら s《す》-*u* な〔…（世間に）漏らすな〕　（源氏物語・玉鬘）

(45)　われらに降れる花をさへかしらの雪と見るな〔…見まちがえないでくれ〕宮人　（うつほ物語・国譲下）

(46)　すきずきしき心使 F《は》-a るな〔浮気心を起こされてはいけません〕
（源氏物語・梅枝）

-禁止ナは希求の意味に加えて，否定の意味を兼ねており，禁止を表す。

4.3　話者自身の運動・状態への希求

4.3.1　希求の句接辞 ⌇-(テ／ニ)シカ：/-i（て・に）しか/~/-（て・に）しか/⌇ の異形態は，次頁の表 15 のように分布する。

表 15　希求（願望）句接辞 -(テ／ニ) シカの異形態

前接語条件	
「四段」型,「ラ変」型	/-i(て・に) しか/
「一段」型,「二段」型（-i-；-e-),「サ変」型（-し-)	/-(て・に) しか/

(47)　秋ならで妻よぶ鹿《しか》をきk-*i*しかな〔…聞きたいものだ〕
（金葉集・二度本異本歌・679）

(48)　伊勢の海に遊《（あそぶ）》海人《あま》ともなr-*i*《り》にしか〔…なりたい〕
（後撰集・13・891）

(49)　いかでこのかぐや姫を得てしかな，見てしかな[22]〔…妻にしたいものだ，（姿を）見たいものだ〕
（竹取物語・2）

4.3.2　希求の句接辞 {-バヤ: /-a ばや/～/-ばや/} の異形態は，表 16 のように分布する。

表 16　希求（願望）句接辞 -バヤの異形態

前接語条件	
「四段」型,「ラ変」型,「ナ変」型（-n-)	/-a ばや/
「一段」型,「二段」型（-i-；-e-),「カ変」型（こ-),「サ変」型（-せ-)	/-ばや/

(50)　かかる所に，思ふやうならむ人を据《す》ゑて住m-*a*《ま》ばや〔…住みたいものだ〕
（源氏物語・桐壺）

(51)　身を失F-i《ひ》てばや〔死んでしまいたい〕
（源氏物語・蜻蛉）

4.4　第三者の運動・状態への希求

希求の句接辞 {-ナム：/-a なむ/～/-なむ/～/-からなむ/} の異形態は，表 17 のように分布する。

(52)　関守《せきもり》はよひよひごとにうちも寝n-*a*《な》なむ〔…眠ってくれるとよいのだが〕
（伊勢物語・5）

(53)　さもおはせなむ〔そうあっていただきたい〕
（源氏物語・澪標）

表17　希求（誂望）句接辞-ナムの異形態

前接語条件	
「四段」型,「ラ変」型,「ナ変」型（-n-）, 特殊型（-r-）	/-a なむ/
「二段」型（-i-；-e-）,「カ変」型（こ-）,「サ変」型（-せ-）	/-なむ/
「ク」型,「シク」型	/-からなむ/

（54）　松風のみぞ涼しからなむ〔…涼しく吹けばよい〕

（うつほ物語・祭の使）

5. おわりに

本章の記述により，次の（55)(56）が明らかになった。

（55）　大木（2010）が避けようとする「複雑な異形態群」(p.26）こそが，中古語の形態論的特徴である。音節の切れ目と形態素の切れ目とが一致しない場合があること，および，多数の異形態が現れることは，日本語の特徴として一貫している。伝統的国文法で言うところの「活用語」の「未然形」「連用形」について，それぞれの固有の意味を明示的に記述することはできないし，また,「終止形」「連体形」「已然形」の相違部分は，統語条件によって選ばれる叙法句接辞の異形態にすぎない。

（56）「二段活用の一段化」「連体形と終止形の合一」「係り結びの衰退」などの通時的変化は，異形態（補充形）の消失という現象として，統一的に説明できるものと見込まれる。

なお，中古語の接続叙法についての記述は，今後の課題としたい。

注

1）　活用とは一般に，語彙的意味を同じくしつつ文法的意味を異にする一定の語どうしが，文法的意味の違いに応じて，形態素を抽出できない方式で互いに形を変え，体系を組む現象と考えられる。日本語に活用を認めず，すべて「接辞」による「派生」として説明する論考に，清瀬（2013）がある。歴史的研究の視点からも興味深いものであるが（清瀬 2013：181–286），統語論的な分析が十分とはいえない。

2)　語より大きい構造である句と統語的関係を結びうる形式は，単独で発話できなくとも統語上，語と対等な句接辞（phrasal affix，影山 1993：329）と見なし，句と統語的関係を結ばない形式は語より小さい形態素（接尾辞）と見なす。現代語の例を示すと，

　（i）　[本を読 m]-*u*《む》

　（ii）　[[本を読 m]-*a*《ま》 せ］ る

　（iii）　[[本を読 m]-*i*《み》 たが *r*]-*u*《る》

（i）–（iii）の -u（/-u/~/-る/），-セル（/-a せ-/），-タガル（/-i たが r-/）は句接辞である。他方，

　（iv）　痛が *r*-u《る》／*[[ひりひりと痛］が *r*]-u《る》

　（v）　読 m-*i*《み》 方／*[漢字を読 m]-*i*《み》 方

　（vi）　細やかさ／*[たいへん細やか］さ

（iv）–（vi）の -ガル（/-が r-/），-方（/-i かた/），-サは接尾辞である。なお，清瀬（2013）が「接尾辞(Suffix)」とする形式の多くを，筆者は句接辞と考える。句接辞のうち，単独で発話できる句あるいは節に後接するものは接語(clitic，Spencer；Luís 2012）にあたり，助詞は一般に接語に含まれる。

3)　名詞節（準体句）を形成する句接辞（伝統的国文法における「活用語」の「連体形」の一部分，または全体にあたる）は，叙述の叙法句接辞の機能と名詞の機能とを併せもつ形式として別に考え(第 10 章注 1)，本章では取り上げない。

4)　-単接（単純接続）バ・-ド（モ）は，伝統的国文法では「活用語」の「已然形」に後接するとされる（第 8 章 2.1）。

5)　-叙接（叙法接続）バは，伝統的国文法では「活用語」の「未然形」に後接するとされる（第 8 章 2.1）。

6)　音韻的に規定されず形態的に規定される補充形を含む。以下の異形態についても同様。

7)　「茫々たり」の類は中古語には稀である。

8)　いわゆる「二段活用の一段化」は，「二段」型命題形式の母音/u/で終わる異

形態（福田 2011，黒木 2012）が失われる現象である。また現代語諸方言においては，「カ変」型，「サ変」型動詞の異形態の選択が共通語と違っている例がしばしば認められる（「こ<u>れ</u>ば」：仙台市，「しる」「しれば」：南房総市三芳，「せれば」：佐世保市宇久町。方言文法研究会 2018：18, 42, 98）。

なお，-ムズは「サ変」型に分類したが，後接語によって選ばれる異形態は持っていない。-ムズに後接しうる句接辞は -u，-ラムに限られ，「-ムズ＋-u」全体，および「-ムズ＋-ラム」全体で，それぞれ一つの叙法形式に近づいているものと見られる。

9）疑問文においては，命題が真である蓋然性を1と判断してよいか否か，または，真である蓋然性を1と判断すべき命題がどのような内容であるかを疑う。

10）/-u$_{(1)}$/；/-る$_{(1)}$/ は，それらが用いられた節における主格の標示（接語 -ノ・-ガの出現）を抑制するのに対して，/-u$_{(2)}$/; /-る$_{(2)}$/ は主格の標示を抑制しない。

（i）秋風 -φ 吹 k《く》-u$_{(1)}$ と雁《かり》につげこせ〔「秋風が吹いている」と雁に伝えてくれ〕（伊勢物語・45）

（ii）いつのまに稲葉《いなば》そよぎて秋風の吹 k《く》-u$_{(2)}$〔いつの間に稲の葉をそよがせて秋風が吹き始めたのか〕（古今集・4・172）

11）多シ（/おほ-/）に対しては，(I) のとき /-かり/，(II) のとき /-かる/，(III) のとき /-かれ/ という形も用いられた。

12）同ジ（/おなじ-/）に対しては，(II) の名詞修飾のとき /-φ/ も用いられた。

13）(5)(7)(14) における確言句接辞は，(8) におけるそれとともに，接語 -ゾ・-ヨに前接することで表4 (II) の場合の異形態をとったものと見なし，疑問語と呼応するものとは考えない。

14）一方では，{/-i た r-/～/-た r-/}+/-u$_{(2)}$/＞/-た/(-タ)，/-に-/＋/-て/＋/あ r-/+/-u$_{(2)}$/＞/-だ/(-ダ)，/-に/＋/あ r-/+/-u$_{(2)}$/＞/-な/(-ダの異形態）等の，元は命題形式であったものを含み込んだ形が加わっている。

15）竹取物語の，倉持の皇子による偽りの苦労談では，聞き手に内容を信じさせようとして，殊更に -キを連発している。

16）同様に，例えば現代中国語において，接尾辞「-过」を伴う動詞は過去の外的事態を描くが，一般に現代中国語はテンスを持たない言語とされる。

17）中川（2015）は，上代語を対象として，命題が真である蓋然性 p が客観的には零の場合に -マシでなく -ムが用いられた例を取り上げ，両形式が現れる条件を詳細に分析している。その前提は「反事実仮想に共起した「む」「まし」は，いずれも仮想事態の事実性をゼロとする判断に基づいている点では同じである」（中川 2015:37）というものである。しかしながら筆者は，話者が自らの仮想世界に入り込み，現実の検討を放棄した場合，上記のような命題の真実性についても，やはり 0＜p あるいは p＝1 と判断することがあると考える。反事実仮想を明示する形式（現代日本語にはない）を持つ言語において，逆に現実と仮想とを混同した，あるいは反転させた表現は，例えば The Beatles の楽曲 *If I Fell* の歌詞に見られる。

18）ただし，命題の時が非特定の場合は，それが現在でも -ムが用いられる。また，命題形式の変化相（-ヌ，-ツを伴う）に -ラムが後接する場合，テンスの基準時は発話時より以前の方向にある程度広がった期間となるものと考えられる。

19）聞き手が特定されない場合，句接辞 -e は放任を表す用法となる。

（i）悪《あ》しくもあr-*e*《れ》，いかにもあr-*e*《れ》〔(歌が) 下手であれ，どのようであれ〕，たよりあらばやらむ　（土佐日記・1月7日）

金水（他）(2011) は「命令形はほとんど裸の動詞のみであり，まれに「〜させよ」等ヴォイスの接辞を含むことがある程度である」(p.82) としているが，実際は (37)–(41) に見るように，形容詞，アスペクトの句接辞 -ヌ・-ツ・-結果タリ，否定の句接辞 -ズも，希求句接辞 -e を後接させうる。

20）来（/こ-/）に対しては異形態 /-φ/ も用いられた。

21）副詞ナと呼応することなく，単独で禁止・制止を表す（否定を兼ねる）句接辞 -ソの例が，院政期頃から現れる。

（i）さらにその御ことうしろめたく思しめs-*i*《し》そ〔…ご心配なさいませんように〕　（とりかへばや物語・1）

22）Frellesvig（2010）は “A new desiderative particle *gana* was used only after the combination of perfective and simple past auxiliaries, e.g. *mi-te-si gana* ‘see-PERF-SPST. ADN DESID; they wanted to see her’（*Taketori*).” (p.241) と述べているが，不適切な分析であり，解釈も ‘I want to see her’ のようにすべきである。

参照文献

Frellesvig, Bjarke（2010）*A History of the Japanese Language*, Cambridge Uni-

versity Press.
福田嘉一郎（2011）「中古日本語の希求の叙法」『神戸外大論叢』62（5），pp.1–9，神戸市外国語大学。
Fukuda, Yoshiichirō (2016) "Forms of Predicative Propositions in Early Middle Japanese: Japanese Morphology and Inflection," *ACTA ASIATICA*, 111, pp.35–51, The Tōhō Gakkai (The Institute of Eastern Culture).
方言文法研究会（編）(2018)『全国方言文法辞典資料集（4）　活用体系（3）』日本学術振興会2014–2018年度科学研究費補助金（課題番号：26244024・研究代表者：日高水穂）研究成果報告書。
影山太郎（1993）『文法と語形成』ひつじ書房。
金水敏；高山善行；衣畑智秀；岡崎友子（2011）『シリーズ日本語史3　文法史』岩波書店。
清瀬義三郎則府（2013）『日本語文法体系新論：派生文法の原理と動詞体系の歴史』ひつじ書房。
黒木邦彦（2012）「二段活用の一段化と一段活用の五段化」丹羽一彌（編著）『日本語はどのような膠着語か：用言複合体の研究』pp.104–121，笠間書院。
中川和也（2015）「上代の「反事実」仮想と「む」「まし」」『国語国文』84（6），pp.36–60，京都大学。
大木一夫（2010）「古代日本語動詞の活用体系：古代日本語動詞形態論・試論」『東北大学文学研究科研究年報』59，pp.1–36。
Spencer, Andrew; Luís, Ana R. (2012) *Clitics: An Introduction*, Cambridge University Press.
山内洋一郎（2003）『活用と活用形の通時的研究』清文堂出版。
屋名池誠（2004）「平安時代京都方言のアクセント活用」『音声研究』8（2），pp.46–57，日本音声学会。

出典

後撰和歌集，金葉和歌集は新日本古典文学大系（岩波書店）に依拠した。その他の資料はすべて新編日本古典文学全集（小学館）に依拠した。

第 8 章　条件表現の範囲
—中古語の接続助詞バをめぐって—

1. はじめに

伝統的国文法では，中古日本語の -バは 1 語の接続助詞ととらえられ，-バが「活用語」の「未然形」に後接した場合は順接（順態接続）の「仮定条件」を表し，「已然形」に後接した場合は順接の「確定条件」を表すと説明されてきた。そのことは，「条件表現」という用語の指す範囲を，日本語研究一般においていたずらに拡張する結果となり，種々の論点を見えにくくした観がある。本章では，第 7 章の分析・記述を承けて，中古語の「未然形」に後接する -バと「已然形」に後接する -バとは別個の形式ととらえられるべきであることを示し，現代語とも対照しつつ，「確定条件」と呼ばれる意味と，真の条件との相違を明らかにする。

2. 伝統的国文法の問題点

2.1　従来の説明

伝統的国文法では，中古語の -バは 1 語の接続助詞ととらえられ，「活用語未然形＋-バ」の形は順接の「仮定条件」を表し（(1)），「活用語已然形＋-バ」の形は順接の「確定条件」を表す（(2)）と説明されてきた。

（1）　すべて，よろづのことなだらかに，怨《ゑ》ずべきことをば見知れるさまにほのめかし，恨むべからむふしをも憎からずかすめなさ〔未〕ば〔…ぼかして言えば〕，それにつけてあはれもまさりぬべし

（源氏物語・帚木）

（2）a．事にふれて，数知らず苦しきことのみまされ〔已〕ば〔…増えてい

くので〕，いといたう思ひわびたるを　　　　　　　　　（源氏物語・桐壺）

b．それもめづらかなるここちしてゆき過ぐれ〔已〕ば〔…通り過ぎると〕，はるばると浜に出《い》でぬ　　　　　　　　　（蜻蛉日記・中）

c．世の中の人の心は，目離《めか》るれ〔已〕ば〔…見なくなると〕忘れぬべきものにこそあめれ　　　　　　　　　（伊勢物語・46）

d．内裏《うち》にても里にても，昼はつれづれとながめ暮らして，暮るれ〔已〕ば〔…（日が）暮れると〕王命婦《わうみやうぶ》を責《せ》め歩《あり》きたまふ

（源氏物語・若紫）

（2a）は原因・理由とその帰結を示す「必然条件」，（2b）は前件が成立したときに偶々後件が成立したことを示す「偶然条件」，（2c, d）は前件が成立するときには常に後件が成立することを示す「恒常条件」などと，それぞれ呼ばれることがある。

「活用語」の「未然形」「已然形」と呼ばれる形式には，それぞれいくつかの用法が認められているが，「接続助詞 -バ」に前接する用法を代表的なものと見なし，主に「〈未然形〉＋-バ」「〈已然形〉＋-バ」の意味に基づいて，「未《いま》だ然《しか》らず」「已《すで》に然《しか》り」と命名されているのである（芳賀 1905:9–10）。

2.2　中古語共時態における形態上の問題

（1）のような「未然形＋-バ」は，現代日本語の「述語核＋-レバ（/-e ば/～/-れば/）」で解釈できる場合がある。また，「已然形＋-バ」のうち，（2c, d）のように非特定の外的事態群を描くものが，後にはまだ事実でない特定・個別の外的事態を描きうるようになり，現代語の「述語核＋-レバ」へと通時的につながってゆく（小林 1996:17–35，173–191）。

次頁の図1のような関係から，「未然形」に後接する -バと「已然形」に後接する -バとは同一語と見なされてきた。しかしながら，これらが別語である蓋然性も十分に考えられる。「已然形」に後接する -バは確かに現代語の -レバの（厳密にはその一部分「ば」の）祖先ではあるけれども，「已然形」に後接する -バと「未然形」に後接する -バとが同じ形式であるという保証は

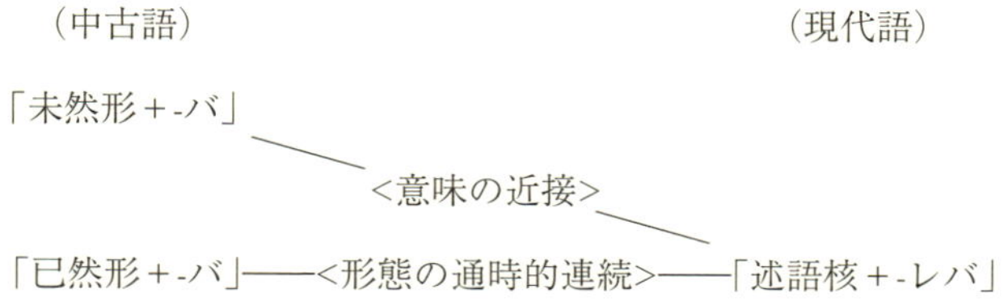

図 1　中古語 -バと現代語 -レバとの関係

ない。中古語の「接続助詞 -バ」が 1 語であるとの前提に立って，-バの本質的な意味として「条件」といったものを導き出すことは，実際にはその根拠が薄い。

3.「未然形」「已然形」概念の解体と 2 種の -バ

3. 1　「未然形」「已然形」概念の解体

3. 1. 1　中古語における「活用語」の「未然形」「已然形」は，伝統的国文法が不適切な形態論的分析によって設定した形といえる[1]。伝統的国文法では，形態論的考察はすべて仮名を用いて行われ，仮名が表す音節（あるいは拍）より小さい音素に基づいた分析には至らなかった。例えば「四段活用動詞」の「書き」「書く」「書け」を，いずれも 1 言語形式としかとらえなかったために，同一の語が形を変えるという，国語学に独特の「活用」の概念が発生したのである。しかし，中古語においても「四段活用動詞」書クは，子音終わりの形態素 /か k-/ から成っていたと考えられる。

3. 1. 2　「未然形」について，第 7 章の記述に従えば，伝統的国文法では述語命題形式の異形態を「未然形」と呼んでいる（(3)）か，または，述語命題形式（の一部分）とそれに後接する句接辞（phrasal affix）の異形態の一部分とを合わせたものを「未然形」と呼んでいる（(4)）ことになる。

（３）　灯《ほ》影《かげ》に見し顔思し出でらる-φ〔…思い出されなさる〕

（源氏物語・夕顔）

（４）　おはせましかば，我らは下《くだ》 r-a《ら》 ざ r-a《ら》まし(1)〔…仮想世界では（このように西国に）下ることはないだろう〕　（源氏物語・玉鬘）

（３）（４）の「思し出で」「下ら」「ざら」は，伝統的国文法では「下二段活用動詞」「四段活用動詞」「打消の助動詞」の「未然形」と説明される。実際は，（３）の「思し出で」は，ヴォイス（態）を表す「二段」型命題句接辞 -ラル（/-a れ-/～/-a る-/～/-られ-/～/-らる-/）の異形態 /-らる-/ に前接した，「二段」型動詞 思シ出ヅ（/おぼしいで-/～/おぼしいづ-/）の異形態 /おぼしいで-/ であり，また（４）の「下ら」「ざら」は，それぞれ，「四段」型動詞下ル（/くだ r-/）と，否定を表す特殊型命題句接辞 -ズ（/-az-/～/-an-/～/-a ざ r-/～/-z-/～/-n-/～/-ざ r-/～/-から z-/～/-から n-/～/-から ざ r-/）の異形態 /-a ざ r-/ の一部分とを合わせたもの，および，-ズの異形態 /-a ざ r-/ の一部分と，仮想句接辞 -マシ（/-a まし(1)/～/-a まし(2)/～/-a ましか/～/-まし(1)/～/-まし(2)/～/-ましか/～/-からまし(1)/～/-からまし(2)/～/-からましか/）の異形態 /-a まし(1)/ の一部分とを合わせたものである。

伝統的国文法における「活用語」の「未然形」とは，主に，「仮定条件」という意味の中の，「仮定」の要素を表すと考えられたことから来た呼称である（2.1）。いま「仮定」を含む「未然」を，「描いている事態がいまだ事実でない」ととらえなおすと，（３）（４）の「思し出で」「下ら」はいずれも事実と認められる外的事態を描いており，「未然」を表していない[2)]。

3.1.3 「已然形」について，第７章の記述に従えば，伝統的国文法では述語命題形式（の異形態）とそれに後接する確言句接辞 -u の異形態とを合わせたものを「已然形」と呼んでいる（（５）（６））か，または，確言以外の叙述を表す叙法句接辞の異形態（の一部分）を「已然形」と呼んでいる（（７）–(12)）ことになる。

（5）　色にはいでじ人もこそ知r-e《れ》〔…知る（と大変だ）〕
（古今集・2・104）

（6）　皇子《みこ》は，かくてもいと御覧ぜまほしけれど〔…ご覧になっていたいけれども〕　（源氏物語・桐壺）

（5）（6）の「知れ」「まほしけれ」は，伝統的国文法では「四段活用動詞」「希望の助動詞」の「已然形」と説明される。実際は，（5）の「知れ」は，「四段」型動詞　知ル（/し r-/）と，確言句接辞 -u（/-u$_{(1)}$/～/-u$_{(2)}$/～/-e/～/-i/～/-る$_{(1)}$/～/-る$_{(2)}$/～/-れ/～/-φ/～/-し/～/-き/～/-けれ/）の異形態 /-e/ とを合わせたものであり，（6）の「まほしけれ」は，望ましい状態を表す「シク」型命題句接辞 -マホシ（/-a まほし-/～/-まほし-/～/-からまほし-/）の異形態 /-まほし-/ と，確言句接辞 -u の異形態 /-けれ/ とを合わせたものである。

（7）　ありし夜《よ》の御歩《あり》きは，いとこそむくつけく思うたまへられしか〔…恐ろしく思われました〕　（源氏物語・浮舟）

（8）　あさましと思しながら，さすがにかかるもをかしうて，ものなどのたまひてけれど〔…言い寄りなさったのだが〕，人の漏り聞かむも古めかしきほどなれば，つれなくもてなしたまへるを
（源氏物語・紅葉賀）

（9）　我こそ死n-a《な》め〔…死んでしまおう〕　（竹取物語・19）

（10）　夏冬の時につけたる遊び戯《たはぶ》れにも，なまいどましき下《した》の心はおのづから立ちまじりもすらめど〔…混じったりもするものだろうが〕，さすがに情《なさけ》をかはしたまふ方々は　（源氏物語・御法）

（11）　ひとつ家《いへ》の内は照らs-i《し》けめど〔…照らしたというが〕，ももしきのかしこき御光には並《なら》ばずなりにけり　（源氏物語・絵合）

（12）　その聞きつらむ所にて，きとこそはよm-a《ま》ましか〔…仮想世界では（歌を）詠むだろう（≒詠めばよかったのに）〕
（枕草子・五月の御精進のほど）

(7)-(12) の波線部は，伝統的国文法では「過去の助動詞」「推量の助動詞」の「已然形」と説明される[3]。実際は，回顧句接辞 -キの異形態 /-しか/，回顧句接辞 -ケリの異形態 /-けれ/，概言句接辞 -ムの異形態 /-a め/ の一部分，概言句接辞 -ラムの異形態 /-らめ/，概言句接辞 -ケムの異形態 /-i けめ/ の一部分，仮想句接辞 -マシの異形態 /-a ましか/ の一部分である。

伝統的国文法における「活用語」の「已然形」とは，「確定条件」という意味の中の，「確定」の要素を表すと考えられたことから来た呼称である (2.1)。いま「確定」すなわち「已然」を，「描いている事態が既に事実である」ととらえなおすと，(9)-(12) のような「已然形」は「已然」を表しているとはいえない。これらは概言あるいは仮想を表す叙法形式（の一部分）であり，外的事態を描き取った命題が真である蓋然性 p について，$0<p<1$ あるいは $p=0$ と判断する話者のとらえ方を表しているからである。

3.2　接続叙法形式の -バ（-叙接バ）と接続接語の -バ（-単接バ）

3.2.1　伝統的国文法において「活用語」の「未然形」に後接するとされてきた中古語の -バは，実際は，概言を表すと同時に節を後続の節につなぐ接続叙法形式（第7章 2.1)（の一部分）である。この形式を「-叙接バ」と呼ぶことにする。

概言句接辞 {-叙接バ : /-a ば/~/-ば/} の異形態は，表1のように分布する。

表1　概言（叙法接続）句接辞 -バの異形態

前接語条件	
「四段」型，「ラ変」型，「ナ変」型（-n-），「ナリ・タリ」型（-な r-）	/-a ば/
「一段」型，「二段」型（-i-, -e-），「カ変」型（こ-），「サ変」型（-せ-）	/-ば/

(13)　すべて，よろづのことなだらかに，怨《ゑ》ずべきことをば見知れるさまにほのめかし，恨むべからむふしをも憎からずかすめな s-*a*《さ》 ば〔…ぼかして言えば〕，それにつけてあはれもまさりぬべし（=(1)）

（源氏物語・帚木）

(14)　昔の御事を思し出《い》でば〔…（ときには）思い出しなさるなら〕，かやうやはもてないたまふべき　　（狭衣物語・4）

3.2.2　伝統的国文法において「活用語」の「已然形」に後接するとされてきた中古語の -バは，実際は，叙法形式に後接して節を後続の節につなぐ単純な接続接語《clitic》である。これを「-単接バ」と呼ぶことにする。

(15)　それもめづらかなるここちしてゆき過ぐれば〔…通り過ぎると〕，はるばると浜に出《い》でぬ（＝(2b)）　　（蜻蛉日記・中）

(16)　上《うへ》の同じ御子たちの中《うち》に数《かず》まへきこえたまF-i《ひ》しかば〔…数え入れ申し上げてくださったのだから〕，さこそは頼みきこえはべらめ　　（源氏物語・澪標）

(17)　かくあさましきそらごとにてあr-i《り》ければ〔…偽りだったとわかったから〕，はや返《かへ》したまへ　　（竹取物語・8）

(18)　おはせましかば〔仮想世界で（夕顔が）ご存命となると〕，我らは下《くだ》らざらまし（＝(4)）　　（源氏物語・玉鬘）

(15)–(18) の -単接バは，確言句接辞 -u（/-れ/），回顧句接辞 -キ（/-i しか/），回顧句接辞 -ケリ（/-i けれ/），仮想句接辞 -マシ（/-ましか/）[4] に，それぞれ後接している。なお，-単接バが概言句接辞 -ム・-ラム・-ケム・-ジらに後接することはない。

4. -叙接バと -単接バの意味

4.1　-叙接バの意味

4.1.1　中古語の -叙接バは，命題に後接して叙法を表す機能と，節を後続の節につなぐ接続の機能とを併せもっている[5]。

(13')　③②[[[恨むべからむふし] をも ①[(女ガ) ~~[恨むべからむふし] を~~ [憎

からず］かすめな s］①命題 -a《さ》 ば］］②③叙法（概言）:節＋接続 ［それにつけてあはれもまさりぬべし］主節

(14′)　［③［②［①（宰相ノ妹姫ガ）［昔の御事］を思し出で］①命題 ば］②］③叙法（概言）:節＋接続 ［かやうやはもてないたまふべき］主節

(19)　梓弓《あずさゆみ》おしてはるさめ今日降りぬ明日《あす》さへ降 r-a《ら》 ば〔… {降れば／降ったら}〕若菜摘みてむ　（古今集・1・20）

(19′)　［③［②明日さへ［① ~~明日~~ （春雨ガ）降 r］①命題 -a《ら》 ば］②］③叙法（概言）:節＋接続 ［若菜摘みてむ］主節

(20)　東風《こち》吹《ふ》k-a《か》 ば〔…吹いたら〕にほひを《(お)》こせよ梅 花《(むめのはな)》 主《あるじ》なしとて春を忘《わす》るな　（拾遺集・16・1006）

(20′)　［③［②［①東風-φ《(ガ)》 吹 k］①命題 -a《か》 ば］②］③叙法（概言）:節＋接続 ［にほひをこせよ］主節

命題は述語核（動詞などの述詞，または述詞に命題句接辞が後接したもの）と，述詞ごとに固有の格補語，および修飾要素とから成る。(13)(14)(19)(20)の従属節の命題「（女ガ）恨むべからむふしを憎からずかすめな s-」「（宰相ノ妹姫ガ）昔の御事を思し出で-」「明日（春雨ガ）降《ふ》 r-」「東風-φ《(ガ)》 吹《ふ》 k-」は，いずれも話者によって真と認められていない。そして，主節「それにつけてあはれもまさりぬべし〔それにつけて（男の）愛情も増すはずだ〕」「かやうやはもてないたまふべき〔（私のことを）このようにお扱いになるべきだろうか〕」「若菜摘みてむ〔若菜が摘めるだろう／若菜を摘もう〕」「にほひをこせよ〔香りを送ってこい〕」を発話することは，発話時においてはまだ妥当でなく，それぞれに従属する節の命題を将来，聞き手が真と認めたときはじめて妥当となるのである。

-叙接バの文法的意味を記述すると，(21) のようになる。

(21)　-叙接バ：動詞型または「ナリ・タリ」型の述語命題形式で終わる命題に後接する。命題が真である蓋然性 p について $0<p<1$ と判断する話者のとらえ方を表し[6)]，同時に従属節を形成して主節へと続ける。主節の発話は，従属節の命題を将来，聞き手が真と認めたときは

じめて妥当となる。

4.1.2　(14) および次の (22)(23) ような -叙接バは，現代語の接続叙法形式[7)]の -レバでも -タラ (バ) でも解釈できず，「-ル＋-(ノ)ナラ(バ)」に置き換えなければならない。

(22)　京には見えぬ鳥なれば，みな人見しらず。渡守に問ひければ，「これなむ都鳥《みやこどり》」といふを聞きて，
　　名にしおF《は》-*a* ば〔(「都」という言葉を) 名前に持ってい {*ればノ*たらノるなら}〕いざ言《こと》問《と》はむみやこどりわが思ふ人はありやなしやと　(伊勢物語・9)

(23)「今かの君の立ちたまひなむにを」と，いとみそかに言ひ入るるを〔略〕遠くゐて，「にくし。さのたまF《は》-*a* ば〔…おっしゃ r{*《れ》-e ばノ*-たらノ-《る》u なら}〕，今日《けふ》は立たじ」とのたまひしこそ〔おっしゃ r-たら>おっしゃったら〕　(枕草子・大蔵卿ばかり耳とき人はなし)

(22)(23) の従属節の命題「(都鳥ガ)(「都」トイウ言葉ヲ)名に負《お》F-」「(清少納言ガ)さのたまF-」は，それぞれの発話時において客観的には真であるけれども，命題に描かれた外的事態についての情報を話者が他から得た直後であるため，命題はまだ真と認められない (Akatsuka 1985)。このような場合に確言の叙法形式が現れない点は，中古語と現代語に共通と見られる。しかし，その場合も中古語では -叙接バが用いられ，現代語の -レバ，-タラで解釈できる (13)(19)(20) のような場合との形態上の区別がない[8)]。

4.2　-単接バの意味

4.2.1　中古語の -単接バは，節の末尾に現れる叙法形式に後接して従属節を形成し，後続の節につなぐ。

(15')　[③[②[それもめづらかなるここちして]①[(私ガ)(ソコヲ) ゆき過ぐ]①

命題れ②]叙法(確言):節<u>ば</u>③]接続 [はるばると浜に出でぬ]主節

(16’)　③②①[[[(故院ガ)(前斎宮ヲ) [上の同じ御子たちの中] に数まへきこえたまF①]命題-i《ひ》しか②]叙法(回顧):節<u>ば</u>③]接続 [さこそは頼みきこえはべらめ]主節

(17’)　③②[[(倉持皇子ノ話ハ) ①[~~倉持皇子ノ話ガ~~ [かくあさましきそらごとにて] あ r①]命題-i《り》けれ②]叙法(回顧):節<u>ば</u>③]接続 [はや返したまへ]主節

(18’)　③②①[[[(夕顔ガ) おはせ①]命題ましか②]叙法(仮想):節<u>ば</u>③]接続 [我らは下らざらまし]主節

-単接バの文法的意味を記述すると，(24) のようになる。-単接バは順態接続の機能をもつ形式といえる。

(24)　-単接バ：叙法形式で終わる節に後接して従属節を形成し，従属節の発話を，その内容から一般的に予測されうると話者が考える主節の発話へと続ける。ただし，従属節の命題が真である蓋然性 p_{sc} について，話者は $p_{sc}=1$ または $p_{sc}=0$ と判断していなければならない[9)]。

4.2.2　中古語の -単接バにより形成される従属節と主節との関係が，いわゆる「必然条件」「偶然条件」「恒常条件」のいずれに解釈されるかは，あくまで現代語訳上の問題である。すなわち，従属節・主節が描く外的事態（群）が特定・個別か非特定・習慣的か，従属節の述語が動的なものか静的なものか，主節述語の叙法が叙述か希求かといった文法的情報によって，あるいは文脈からのさまざまな情報によって，それぞれ適当な現代語の表現「… {ので／から} …」「… {と／たところ} …」「…と　いつも…」などに置き換えられるのである。中古語においては，(24) に該当するかぎりの意味はすべて -単接バという一つの形式で表され，形態上の区別はない。

5. 条件表現の意味

5. 1　発話の妥当性への制約

5. 1. 1　中古語の -バは 1 語の接続助詞ではなく，(21)のように記述される -叙接バと，(24) のように記述される -単接バの，二つの形式に分けてとらえられるべきである。「活用語」の「未然形」に後接する -バと「已然形」に後接する -バとがともに表す意味として「条件」を導き出す，伝統的な国語学の考え方は正当ではない。

通常の（節の）発話は，発話時におけるその妥当性，発話を行うことの意義が，話者に信じられている（故意に行われる妥当性を欠く発話は戯言であるか，後にふれる仮想の演述である)。一方，（真の）条件表現とは，ある発話（前件）に含まれる命題の真実性が，それに続く発話（後件）の妥当性に制約を与える場合の，その前件のことであると考えられる[10)]。中古語の -叙接バが形成する従属節は条件表現に該当する。4. 1. 1 で観察したように，-叙接バの後に続く主節を発話することの妥当性は，通常の発話の場合と異なり，聞き手が将来，従属節の命題を真と認めたときはじめて発生するからである((13)(14)(19)(20))。

5. 1. 2　現代語では，接続叙法形式 -レバ・-タラ・-ナラが形成する従属節は基本的に条件表現にあたる。

(25) a．あした雨が降 r{-*e*《れ》 ば／-たら}，試合は中止になるだろう。〔降 r-たら＞降ったら〕

　　b．あしたの試合は中止になるだろう。

(26) a．飲 m《ん》-た《だ》ら乗るな。乗るなら飲むな。

　　b．車に乗るな。酒を飲むな。

(25a)(26a) の主節「試合は中止になるだろう」「乗るな」「飲むな」を発

話することは，発話時においてはまだ妥当でなく，それぞれに従属する節(条件節）の命題「あした雨が降《ふ》r-」「(君が)(酒を)飲《の》m-」「(君が)(車に)乗るの[11]-」を将来，聞き手が真と認めたときはじめて妥当となる。他方，(25b)(26b）の文はいずれも条件表現を伴わない通常の発話なので，発話時において無条件に妥当である。

条件節の命題が真である蓋然性 p_{sc} について，話者が $p_{sc}=0$ と判断している場合は，反事実条件文と解釈される。

(27)　もう１本早い電車に乗r-e《れ》ば，間に合っただろう。

(28)　もう１本遅い電車に乗っていたら，事故に遭っていただろう。

(27)(28）の条件節の命題「(私が)もう１本早い電車に乗《の》r-」「(私が)もう１本遅い電車に乗ってい-」に描かれた外的事態は事実に反する。したがって，それぞれの主節「間に合っただろう」「事故に遭っていただろう」を発話することの妥当性は，永久に発生しない。このような場合の主節では，話者は故意に妥当性を欠く発話を行い，仮想を述べていることになる。主節の発話が妥当性を欠いているという点から，主節の命題もまた真である蓋然性が０となるのである。

5.2　条件表現に該当しない従属節

5.2.1　中古語の -単接バの用法を見ると，従属節の命題が真である蓋然性 p_{sc} について，話者は $p_{sc}=1$（(２)(16)(17)）または $p_{sc}=0$（(18)）と判断しており，いずれの場合も主節の発話は発話時において妥当である[12]。よって，-単接バが形成する従属節は条件表現に該当しない。

-単接バを現代語訳する場合，しばしば -ノデ，-カラ，-トといった形式に置き換えられる。これまでは中古語における「活用語已然形＋-バ」の形が順接の「確定条件」を表すと説明されてきたために，現代語の -ノデ，-カラ，-トを伴う形もまた「確定条件」の表現と呼ばれることが多かった。

(29) a．雨が降った {ので／から}，試合は中止になった。
　　 b．その試合は中止になった。
(30) a．雨が降るだろうから，傘を持って行きなさい。
　　 b．傘を持って行きなさい。

(29a)(30a) の主節「試合は中止になった」「傘を持って行きなさい」を発話することは，従属節を伴わない (29b)(30b) の文を発話することと全く同様に，発話時において妥当である。したがって，(29a)(30a) の -ノデ，-カラが形成する従属節は条件表現にはあたらない[13]。

現代語の接続叙法形式 -ト (/-u と/~/-ると/~/-いと/~/-だと/) が形成する従属節は，条件表現に該当する場合と，該当しない場合とがある。

(31) a．あした雨が降 r-*u*《る》 と，試合は中止になるだろう。
　　 b．雨が降 r-*u*《る》 と，古傷が痛 m《む》{-u／-た}。〔痛 m-た＞痛んだ〕
　　 c．雨が降りだ s-*u*《す》 と，一気に涼しくなった。

(31a) の従属節は条件表現であるが，(31b, c) の従属節は条件表現ではない。(31a) のような条件接続を，-トの中心的な用法と見るべきか否かには問題があろう。

5.2.2　現代語の -レバは，中古語の「-u＋-単接バ」に由来するため，条件表現に該当しない従属節を形成する用法を残している[14]。

(32)　飲んで騒いで　丘にのぼ r-*e*《れ》 ば
　　　はるかクナシリに　白夜は明ける　　　(森繁久彌作詞「知床旅情」)

(32) の -レバは，(15) の「-u＋-単接バ」とほぼ同じ意味を表している。

また，現代語の -タラのなかには，中古語の「-タリ＋-叙接バ」に遡るものと，「-タリ＋-u＋-単接バ」に遡るものとがあると見られる (小林 1996:199)。

(33)　いとほしいと言《う》w-たら〔…言ったら〕叶《かな》はうずことか

(閑吟集・289)

(34)　人の姿は花靫《うつぼ》やさし　差して負《う》w-たりや　うその皮《かは》靫《うつぼ》

(閑吟集・16)

(34')　かっこよかったのでつきあってみたら，うそつき男だった。

(33)の -タラが形成する従属節は条件表現にあたる。この種類の -タラは，中古語のアスペクト（相）を表す「ラ変」型命題句接辞 -タリに -叙接バが後接した「(-i)たr-a《ら》ば」から，「ば」が脱落して出来た形式である。他方，(34')の -タラが形成する従属節は条件表現にはあたらない。この種類の -タラは，上の命題句接辞 -タリに確言句接辞 -u が後接し，さらに -単接バが後接した「(-i)たr-e《れ》-ば」から，(34) のような「たりゃ」を経て成立した形式と考えられる。

6. 第8章のまとめ

本章で論じ，明らかにしたことをまとめると，(35)−(42)のとおりである。

(35)　中古語の -バは1語ではなく，接続叙法形式の -バ (-叙接バ) と接続助詞の -バ (-単接バ) とに分けられる。同一の「接続助詞-バ」が「活用語」の「未然形」にも「已然形」にも後接すると説明する，伝統的国文法の考え方は正当ではない。

(36)　-叙接バは，動詞型または「ナリ・タリ」型の述語命題形式で終わる命題に後接し，命題が真である蓋然性pについて $0<p<1$ と判断する話者のとらえ方を表すと同時に，従属節を形成して主節へと続ける。主節の発話は，従属節の命題を将来，聞き手が真と認めたときはじめて妥当となる。

(37)　中古語と現代語に共通して，従属節の命題に描かれた外的事態についての情報を話者が他から得た直後には，確言の叙法形式は現れない。

そのような場合，中古語では -叙接バが用いられるのに対して，現代語では接続叙法形式 -レバ・-タラは用いられず，-ナラが用いられる。

(38)　-単接バは，叙法形式で終わる節に後接して従属節を形成し，従属節の発話を，その内容から一般的に予測されうると話者が考える主節の発話へと続ける。ただし，従属節の命題が真である蓋然性 p_{sc} について，話者は $p_{sc}=1$ または $p_{sc}=0$ と判断していなければならない。

(39)　日本語の条件表現とは，ある発話（前件）に含まれる命題の真実性が，それに続く発話（後件）の妥当性に制約を与える場合の，その前件のことである。話者は条件表現命題を真と認めていない。条件表現の後に続く発話は，発話時においてはまだ妥当でなく，条件表現命題を将来，聞き手が真と認めたときはじめて妥当となる。

(40)　中古語の -叙接バが形成する従属節は条件表現に該当するが，-単接バが形成する従属節は条件表現に該当しない。

(41)　現代語の -レバ，-タラ，-ナラが形成する従属節は基本的に条件表現にあたるが，-レバは中古語の「-u＋-単接バ」に由来するため，条件表現に該当しない従属節を形成する用法を残している。また，-タラのなかには中古語の「-タリ＋-叙接バ」に遡るものと，「-タリ＋-u＋-単接バ」に遡るものとがあり，後者の -タラが形成する従属節は条件表現に該当しない。

(42)　現代語の -ノデ, -カラが形成する従属節は条件表現に該当しない。-トが形成する従属節は，条件表現に該当する場合と，該当しない場合とがある。

注

1)　金水（他）(2011）は，「統語論的に述語の活用を見る場合，接続用法の活用形と独立用法の活用形は全く別物と考えよう」(p.79）と主張している。実際は，不適切な形態論的分析が「全く別物」を同じ「活用形」へと導いている。福田(2001)は，音素にではなく音節に基づいた形態統語論の試みであったが，不徹底，不経済な記述に終わった。

2)　野村（2011）は「「未然形」には，すべて「未然」的な意味の助動詞が接する」（p.68），「「未然形」とは「名は体を表す」適切なネーミングである」（p.69）と述べているが，当たらない。同時に野村（2011）は，「「受け《〔ママ〕》身」や「使役」の助動詞は未然形に付くと言われるが，「咲かせる」（現代語）などは全体で一種の動詞と捉えた方がよく」（p.69）とも述べている。しかし，例えば「患者を１人で立たせた」の両義性（患者が１人／介助者が１人）を説明するためには，ヴォイスを表す命題句接辞 -サセル（/-a せ-/~/-させ-/）を認めたうえで，両義性は「[介助者が　患者を［~~患者が~~ １人で　立 t]《た》-a せ］た」と「[介助者が　患者を　１人で［~~患者が~~　立 t]《た》-a せ］た」の２種の構造に対応していると考えた方が合理的である。ちなみに，動詞 起コスを用いた「患者を１人でベッドから起こした」には「介助者が１人」の意味しかない。

3)　高山（2002:23-37）は，中古語の -ム，-ラム，-ケム，-マシ，-キ，-ケリらは他の「助動詞」に前接せず，「モダリティ」を表す形式であるとしている。

4)　(18) の「ましか」を -マシの「未然形」，「ば」を「活用語」の「未然形」に後接する -バと見る説もあるが，従いがたい。「未然形」に後接するとされてきた -バは，実際には叙法形式の -叙接バであり，同じく叙法形式である -マシとは共起できないと見られる。-マシ以外のどの叙法形式とも -叙接バは共起しない。

5)　統語分析においては，句および節を「[　　]」で示す。また，文脈上省略されていると見られる文要素は「(　　)」で補い，同一要素の重複（とりたてなどに伴う）により統語上消去された文要素には抹消線「⊖⊖⊖」を施す。

6)　p＝0 と判断する話者のとらえ方を表す中古語の接続叙法形式は，仮想句接辞 -セバ（/-i せば/~/-せば/~/-かりせば/）である。

　(i)　世の中に絶《た》えて桜のなかりせば〔…仮想世界においてなかったら〕
　　春の心はのどけからまし　　　　　　　　　　　　　（古今集・1・53）

7)　-タラと -タラバ，-ナラと-ナラバはそれぞれ自由変異と見なし，-タラ，-ナラで代表させる。なお，特に -非タに後接する場合，-ナラと -ノナラは同じ意味になることが多い。また，-タに後接する -ナラが同じ意味で -ノナラに置き換えられない場合，「-タ＋-ナラ」は全体で -タラとほぼ同じ意味を表す（鈴木 1993:132-133）。

　(i)　もしもピアノが弾けたなら〔／弾けたら／*弾けたのなら〕
　　思いのすべてを歌にして

きみに伝えることだろう

（阿久悠作詞「もしもピアノが弾けたなら」）

8)　中世期の「ならば」は，終助詞を伴う表現（(ｉ)），希求の表現（(ⅱ)）などの独立文（または引用名詞類）に後接することがあった（第10章6，第10章注6)。

（ｉ）　さらばただあったる時ともかくもなったぞならば〔それならむしろ，私が成経を預かる前にどうにかなったのだということなら〕，なんとせうぞ？　（天草版平家物語，p.57）

（ⅱ）　おこせひならハ〔よこせというなら〕やらふ　（虎明本狂言・痩松）

（ｉ)(ⅱ）のような用法が消え，接続叙法形式の-ナラが成立したのは近世以降のことである。

(22)(23) のような-叙接バは，現代語の「{-u／る} のであr-e《れ》ば」「{-u／る} のだったら」で解釈することもできる。現代語の（特に-非タに後接する）-ナラは多くの場合，-ノダという形式（第6章）に-レバ，-タラが後接した「のであr-e《れ》ば」「のだったら」と等価の表現である。このことから，接続叙法形式-ナラの成立には-ノダの成立が深く関わっていたものと考えられる。

9)　$p_{sc}=1$ となるのは-単接バが-u，-キ，-ケリに後接する場合であり，$p_{sc}=0$ となるのは-単接バが-マシに後接する場合である。

10)　この定義に従うなら，現代語における(ｉ)–(ⅲ)の下線部のような表現も，条件表現の範囲に入って来ることになる。

（ｉ）　あしたは雨が降るかもしれない。そのときは，試合は中止になるだろう。

（ⅱ）　これから私が見たいと言うものを見せてくれた人と，結婚しましょう。

（ⅲ）　関係者以外立入禁止。

11)　-ナラが形成する従属節の命題には，-ノダが含まれることが多い（注8)。

12)　(2c, d) の従属節の命題「目-φ《(ガ)》離る-」「(日ガ)暮る-」に描かれた非特定の外的事態群は事実であり，主節の「忘れぬべき〔(人が)(ものを)忘れてしまう〕」「王命婦を責め歩きたまふ〔(源氏は)王命婦を追い回してお急き立てになる〕」という発話も，一般論を述べたもの，あるいは習慣的な外的事態群を描いたものとしては，発話時において妥当といえる。また，(18) では主節に-マシが用いられ，主節の命題が真である蓋然性を0と判断する話者のとらえ方が，従属節の命題の真実性とは独立に明示されている。

13)　伝統的国文法で逆接の「確定条件」を表すとされる，中古語の接続接語 -ド(モ)((8)(10)(11))・-ニ・-ヲを伴う形，あるいは現代語の接続接語 -ガ・-ケレド(モ)・-ノニを伴う形に関しても，それらの接続接語が形成する従属節は，後に続く主節の発話が発話時において妥当であるため，条件表現には該当しない。

14)　条件節を形成する -レバは（2c, d）のような場合の「-u＋-単接バ」に由来するが（2.2），（2c, d）では主節述語の叙法が叙述（のうちの確言）である。このような経緯から，現代語の条件節「…れば」を伴う主節には叙法の制約がある。

（i）　あした雨が降 r-*e*《れ》ば，試合は中止に｛なる／なるだろう／?しよう／?しろ｝。

（ii）　あした雨が降 r-《っ》たら，試合は中止に｛なる／なるだろう／しよう／しろ｝。

（i）に見るように，-レバが形成する条件節の述語核が動的なもの（「降《ふ》 r-」）であるとき，主節述語の叙法は叙述でなければならない。ただし，これには方言差・個人差が認められる。

参照文献

Akatsuka, Noriko（1985）“Conditionals and the Epistemic Scale,” *Language*, 61（3）, pp.625–639, the Linguistic Society of America.

福田嘉一郎（2001）「「子音語幹」と活用：日本語動詞無活用論を手掛かりに」国語語彙史研究会（編）『国語語彙史の研究　二十』pp.1–14，和泉書院。

芳賀矢一（1905）『中等教科明治文典　2』冨山房。

金水敏；高山善行；衣畑智秀；岡崎友子（2011）『シリーズ日本語史 3　文法史』岩波書店。

小林賢次（1996）『日本語条件表現史の研究』ひつじ書房。

野村剛史（2011）『話し言葉の日本史』吉川弘文館。

鈴木義和（1993）「ナラ条件文の意味」益岡隆志（編）『日本語の条件表現』pp. 131–148，くろしお出版。

高山善行（2002）『日本語モダリティの史的研究』ひつじ書房。

出典

拾遺集＝小町谷照彦（校注）(1990)『拾遺和歌集』岩波書店
天草版平家物語＝亀井高孝；阪田雪子（翻字）(1980)『ハビヤン抄キリシタン版平家物語』吉川弘文館
虎明本狂言＝大塚光信（編）(2006)『大蔵虎明能狂言集　翻刻　註解　上・下』清文堂出版

上記以外の資料は新編日本古典文学全集（小学館）に依拠した。

第９章　朝鮮資料の成長性
―捷解新語の叙法副詞をめぐって―

1. はじめに

捷解新語の原刊本（1676 年），（第一次）改修本（1748 年），重刊（改修）本（1781 年）の三者を比較するとき，改修の一つの方向として，概言表現の存しなかった個所に概言表現を用いた例が散見する。そしてそれらはほとんどの場合，叙法副詞との呼応と関わりがあることに気づかれる。本章では，この現象が示す朝鮮資料の特質について考察する。併せて，原刊捷解新語にしばしば見られる特異な言語現象の問題にもふれてみたい。

2. 捷解新語の改修に伴う確言表現から概言表現への置換

2.1　実例

2.1.1　捷解新語の改修に伴う確言表現から概言表現への置換例[1]のうち，対話体で書かれた巻１から巻９前半までに見られるものは，（１）-（６）である（〖　〗の中は当該個所の対訳朝鮮語[2]）。

（１）a．〔客〕多分船が参 r-*u*《る》 程に〖多分[3] b@iga olgeosini〗，遠見に問わしられ　　（原刊本・１・８ウ）

b．〔客〕さだめて船が参 r-*i*《り》 ましょうほどに〖iljyeong b@iga olgeosini〗遠見に上がって見さっしゃれませい　　（改修本・１・12）

c．〔客〕定て船が参 r-*i*《り》 ませう程に〖ildyeong b@iga olkkeosini〗遠見に上つて見さつしやれませい　　（重刊本・１・10 ウ）

（２）a．〔主〕定めて御苦労に渡らしられてこそ御座れ〖ildyeong syugolo-i geonneosidosoe〗　　（原刊本・１・12）

b．〔主〕さだめてお心遣にお渡海なされましたでござろう〚iljyeong syugolo-i 御渡海 h@sidosoe〛（改修本・1・17）

c．〔主〕定て御心遣に御渡海被成ましたで御坐ろう〚ildyeong syugolo-i 御渡海 h@sidosoe〛（重刊本・1・15ウ）

（3）a．〔客〕多分参り著いて悪風を遭うて，大船に舟子も少《すこ》なうて船の道具も揃わんで遅れまるした程に〚geo-ui da wasyeo, 悪風-eul manna keun b@i-ye gyeoggundo jyeoggo, b@i-ye yeonjyangdo beudilh@-yeo bdeodyeos-s@-oni〛（原刊本・1・13ウ）

b．〔客〕さだめて大方参りまして，悪風に遭いまして大船に水夫も少なく，船に道具も揃わずして遅れましたでござろうほどに〚il-jyeong geo-ui da wasyeo, 悪風-eul manna 大船-e 水夫do jyeoggo, b@i-ye yeonjyangdo g@dji modh@-yeo sdeojyeods@-oni〛

（改修本・1・19ウ）

c．〔客〕定て大方参りまして，悪風に逢ひまして大船に水夫も少く，船に道具も不揃して後れましたで御座ろう程に〚ildyeong geo-ui da wasyeo, 悪風-eul manna 大船-e 水夫do jyeoggo, b@i-ye yeon-jyangdo g@dji modh@-yeo tteodyeods@-oni〛（重刊本・1・17ウ）

（4）a．〔客〕何程《なんぼう》御苦労に御座るぞ〚eonmeo syugoh@-@bsyeonyo〛

（原刊本・2・18ウ）

b．〔客〕さぞ御苦労にござりましょう〚eonmeo syugoh@-@bsyeo-nyo〛（改修本・2・27ウ）

（重刊本に対応個所なし）

（5）a．〔主〕京より返礼の返書が下りまるせう程に自然遅かるかと〚自然 deoduilsga〛思いまるする（原刊本・3・22ウ）

b．〔主〕京より返礼の返書が参りましょうほどに，自然延引致s-o《そ》うかと〚自然 延引 h@-olga〛存じまする（改修本・3・29ウ）

c．〔主〕京より返礼の返書が参りませう程に，自然延引致s-o《そ》うかと〚自然 延引 h@-olkka〛存まする（重刊本・3・28ウ）

（6）a．〔主〕各々然ぞ無調法者と蔑しみな（さ）るるを〚eonmeo seo-ui-h@n geosila hyung bosim-eul〛, 思い出せば気の毒になりまるすれども　　　(原刊本・9・13)

b. 〔主〕各々さぞ無調法者とお誘りなされうかと〚eonmeo seo-ui-h@n geosila hyung bosim-eul〛, 思えば気の毒なれども　　　(改修本・9・19)

c. 〔主〕各嘸不調法者と思召s-o《そ》うかと〚eonmeo seo-oh@n geosila neogisilkka〛思へば気毒なれ共　　　(重刊本・9・8ウ)

いずれの例においても，原刊本では確言の叙法形式[4]と見られる裸の -タ((3a))，裸の -非タ((1a)(4a)(5a)(6a))，-テゴザル((2a))が用いられていた個所に，改修本および重刊本では概言の形式 -ウ((1b, c)(4b)(5b, c)(6b, c))・「-タ +-デゴザロウ」((2b, c)(3b, c))が用いられている。

2. 1. 2　次に, 候文体書簡文を収めた巻 10 に見られる概言表現への置換例は，(７)-(９)である。

(７) a. 〔主〕申され候定めて此の中より御話成され候御使者船にて御座候や　　　(原刊本・10・18)

b. 〔主〕さだめて，この中より，お話なされ候，お使者船にて御座候や〚iljyeong, geobeonbeuteo, mals@mh@-@bdeon, 御使者 b@ini--isga〛　　　(改修本・10 中・16 ウ)

c. 〔主〕定而，従此中，御咄被成候，御使者船〻而可有御座哉与存候〚iljyeong, geobeonbudteo, mals@mh@sideon, 御使者 b@i-onga neogyeo〛　　　(重刊本・10 中・14 ウ)

(８) a. 〔客〕多分中戻り船で御座候　　　(原刊本・10・20)

b. 〔客〕多分，中戻り船にて御座候〚bunmyeong-i, hwanl@isyeon--ingasi beu-oeda〛　　　(改修本・10 中・19 ウ)

c. 〔客〕多分，余之船〻而可有御座候〚bunmyeong-i, dal@n b@inga-si bo-oeda〛　　　(重刊本・10 中・17)

（9）a.〔主〕定めて御不審に思し召しられ候やと存じ候て
（原刊本・10・25ウ）
b.〔主〕さだめて，お不審に思し召されべくやと〘eungdang, goe-ihi al@silga〙，存じ候て（改修本・10下・5）
c.〔主〕定而，御不審ニ可被思召哉与〘ildyeong, goe-ihi al@silga〙存（重刊本・10下・4ウ）

（7）（8）においては重刊本に至って，（9）においては改修本および重刊本で，それまで確言の形式「-候」「-にて御座候」「-で御座候」が用いられていた個所に，擬古文の概言形式と見られる「-べし」「-にて御座あるべし」「-にて御座あるべく候」が用いられている。

2.2　特定の副詞との関係

（1）-（9）では，原刊本の修辞的な感嘆疑問文を改修本で概言の文とした（4）を除き，各a-cのいずれにおいても副詞サゾ・サダメテ・タブン・シゼンが用いられている（破線部）。この事実から，これらの改修には当時の副詞の用法が深く関わっていたと推測される。なお，問題の個所の対訳朝鮮語に，表記や単語の段階を超えた語法上の変更が改修に伴って認められるのは，(6c)(7c) のみである。したがってこれらの改修は，基本的に日本語の側の事情によるものであったと考えられる。

第3節では，中世[5)]から近世前期にかけての口語を反映する資料における，上掲の副詞の用法を見てゆくことにする。また，それらの現代語での用法も参考にする。

3.　概言の形式と呼応する叙法副詞

3.1　サゾ

中世～近世前期の主な口語資料に見られるサゾの用例は，(10)-(16) のように，ほとんどが概言の形式と呼応するものである。

(10)　奥《おき》はさぞふ《(吹)》いて候らん（sauraw-*uraN*>saurauraN）
（平家物語・下，p.305）

(11)　サソ貧苦ナルラウト云テ　（史記抄・14・63）

(12)　サゾコヽモトモ華簾ニアリツラント　（中華若木詩抄・上・44）

(13)　おいとまが出たといふたらハ，さぞきもをつぶs-*a*《さ》ふな
（虎明本狂言・墨塗）

(14)　毎度の御かせんにさぞくたびれさせられうず　（虎明本狂言・武悪）

(15)　久々《ひさびさ》にて御対面，さぞ御満足候《さふら》w-*a*《は》ん　（堀川波鼓・中）

(16)　さぞや妻子が待t-*u*《つ》らんと　（女殺油地獄・上）

近松世話浄瑠璃（世話物）の場合，当時の口語をどれほど反映しているかは疑わしいが，サゾが原則として概言形式を従えている点には注意すべきであろう。

ただし，(17)–(19) では概言形式が見えない。

(17)　ながのざいきやうなれハ，さぞほねおりや-φ-とおもふてあんじたれハ　（虎明本狂言・鏡男）

(18)　お前もさぞお腹立ち-φ　（大経師昔暦・上）

(19)　主人郷左衛門，さぞ満足-φ　（心中宵庚申・上）

これらはいずれも名詞述語文，または名詞的形容詞（形容動詞）述語文であり，サゾに応ずるべき概言形式が省略されたものと考えられ，現代語の，

(20)　昨日お着きで，さぞお疲れで-φ，それでもう授業をお始めで，だいぶ御精励で　（夏目漱石「坊っちゃん」2）

などと同様の例である。

また，近松世話物には，サゾが概言形式と呼応せず，しかもその構造が補文の中に入っている，(21)(22) のような例が見られる。

(21)　屋敷を駆落《かけお》ちする時も，唐《から》，高麗《かうらい》にゐるとても，さぞ忘れ n-*u*《ぬ》は子供がこと　（鑓の権左重帷子・下）

(22)　かうばりが強うて，いよ〳〵心が直らぬと，さぞ憎まるゝは必定《ひつぢやう》と　（女殺油地獄・下）

さて，現代語におけるサゾは，程度副詞と叙法副詞の両方の性格を有し，外的事態を状態として描き取った，その状態の程度が大きいことについて，事態の経験者への共感をこめつつ，命題（状態）が真である蓋然性が大きい（ただし 100 パーセントではない）とする話者の判断を導き出す[6]。

(23) a．太郎がさぞ喜んでいる ｛だろう／にちがいない｝。
　　b．*太郎がさぞ喜んでいる。
　　c．*太郎がさぞ喜んでいるのを……

サゾが概言形式と呼応せず，確言の形式が用いられている（23b），あるいはさらにそれが補文の中に入った (23c) は，いずれも非文法的である（(23c）と（6a)（21)（22）とを比較されたい)。

3.2　サダメテ

3.2.1　中世以降のサダメテは多くの場合，概言の形式と呼応して用いられており，「たぶん」「おそらく」といった意味を表す[7]，蓋然性判断の叙法副詞であったと考えられる。(24)-(41）を見られたい。

(24)　このぢや《(定)》うでは舞《まい》もさだめてよかるらむ　（平家物語・上，p.97）
(25)　さだめて御出家《ごしゆつけ》な（ン）どやあ r-*a*《ら》むずらむ（平家物語・上，p.123）
(26)　定《さだめ》てかやうの事《こと》をば存《ぞんじ》知せられた r-*i*《り》けん　（平家物語・上，p.368）
(27)　定メテヲイテカカヽ r-*a*《ラ》ウト思テヘリ　（史記抄・5・13 ウ）
(28)　当年モ定テ来 r-*a*《ラ》ンズルト思テ　（中華若木詩抄・上・37 ウ）
(29)　定テ釣ノイトマニハ一睡スルコトモア r-*u*《ル》ヘシ

（中華若木詩抄・中・17）

（30）　サタメテ今時分ハクルシマシムラウトヲホシテ　（蒙求抄・7・20）

（31）　定テ定山村テハ追ツ k-u《ク》 ヘシトテ　（四河入海・1-2・14 ウ）

（32）　客去テ嗔ルコトハ定テア r-u《ル》 マイソ　（四河入海・24-1・17 ウ）

（33）　もしこのことをエソポが知らば，定めて奏聞申 s-a《さ》 うず

（エソポのハブラス，p.433）

（34）　わが私宅はこのほとりぢゃ。定めて案内を知らせられまじい

（エソポのハブラス，p.442）

（35）　さても先度《せんど》は危い命をわが調略をもって助けたれば，定めてその恩をば，よも思ひ忘れられじ　（エソポのハブラス，p.465）

（36）　して，さうあるが，定めてオラショと，またヒデスの条々を事細かにお知りあ r-a《ら》 うまで　（コリャード懺悔録，p.6）

（37）　定てごきげんがわるからふと思ふて　（虎明本狂言・末広がり）

（38）　定《さだめ》てこなたをなつかしう存て，まほろしにミえたものじやと存る[8]

（虎明本狂言・塗師）

（39）　さだめて御参《まい》りなされうと存（ぞんじ）　（昨日は今日の物語・上・44）

（40）　戻りはさだめて夜が更《ふ》けう　（大経師昔暦・上）

（41）　さだめて御病気の見廻《みまひ》ならめ　（心中宵庚申・中）

他方，サダメテが概言形式と呼応しない例もある。それは，述語が裸の -非タを伴う，

（42）　黄白術ハ定テ是也　（蒙求抄・6・21 ウ）

（43）　定テ其ハ真実ノ耳ノキコユルテハナイソ　（四河入海・18-4・1 ウ）

（44）　これは定めて例のエソポが業《しわざ》によって，かくのごとくぢゃ

（エソポのハブラス，p.422）

のような場合，あるいは名詞述語文で叙法形式が省略された，

(45)　此ハ定メテ繆公ノ覇トナツテ喜テ此水ニ名タモノ-φ-ソ
(史記抄・4・55ウ)

(46)　ちご聞《きこ》し召《め》し，「さてもやさしき事や，さだめて情《なさけ》かけよとの望《ゝぞ》み-φ」と思《おぼ》し召《め》し　(昨日は今日の物語・上・61)

(47)　さだめてどこぞの仕切銀《しきりがね》-φ　(冥途の飛脚・中)

のような場合である。

3.2.2　先の (2a) は，サダメテが概言形式と呼応せず，かつ述語が -タに相当する叙法形式を伴っている点で，きわめて特異な例ということになる[9)]。-テゴザルは一見 -非タに相当するようであるが，福田 (1992) でも論じ，また捷解新語の改修例，

(48) a．風に揺られて今参r《つ》-て御座る　(原刊本・1・12ウ)
　　b．風の悪しさにようやくただ今着k《き》-iました　(改修本・1・18)
　　c．(改修本と全同)　(重刊本・1・16)
(49) a．対馬の守迎いに参r《つ》-てこそ御座れ　(原刊本・5・18ウ)
　　b．対馬の守お迎いに参r《り》-iました　(改修本・5・27)
　　c．(改修本と全同)　(重刊本・5・19)

において，(48b, c)(49b, c) では -タ (「-i ました」) に置き換えられているという事実からも知られるとおり，-テゴザルは基本的に -タに相当する形式なのである。

また現代語においても，裸の -タを伴う述語で終わる文は，概言の文として機能することが難しい (第2章3)。(50)(51) を見られたい。

(50) a．その男は {たぶん／おそらく} ヤクザ-φ- {だろう／にちがいない}。
　　b．その男は {たぶん／おそらく} ヤクザだった {だろう／にちがいない}。

c．その男は {たぶん／おそらく} ヤクザだ。

d．?その男は {たぶん／おそらく} ヤクザだった。

(51) a．彼は {たぶん／おそらく} 来る {だろう／にちがいない}。

b．彼は {たぶん／おそらく} 来た {だろう／にちがいない}。

c．彼は {たぶん／おそらく} 来る。

d．?彼は {たぶん／おそらく} 来た。

述語が -タを伴い，蓋然性判断の叙法副詞タブン・オソラクが概言形式と呼応しない（50d）(51d）は不自然である（(51d）と（2a）とを比較されたい）。

3.3　タブン

中世までの資料に見られるタブンは，調査した限りではすべて「大部分」「多くの場合」の意味を表す情態副詞である。(52)(53）を見られたい。

(52)　黄花ハ多分菊ノ事テ候カコヽテハ菊テハ有マイソ

（蒙求抄・4・54 ウ）

(53)　自余の衆は多分見舞はるる中《なか》に，あまりうとうとしう音信《おとづれ》もないは，曲もない次第ぢゃ　（エソポのハブラス，p.502）

また，コリャード懺悔録には（54）(55）のような例がある。

(54) a．なかなか，多分デウスのお事をば知りまらしてござる　(p.6)

b．*Ita est profecto :* ***magna ex parte*** *hac notitia calleo*　(p.7)

(55) a．聞えた衆は多分真《まこと》に受けられいで　(p.50)

b．*vnde qui notitiam habuerunt de eo quod est diuulgatum* ***maiori ex parte*** *nõ crediderunt*　(p.51)

タブンへの対訳ラテン語は，やはり「大部分」に相当するものである。

近世初期になると，現代語と同じ叙法副詞としての用法のタブンが現れてくるが，それらは概言の形式と呼応する，

(56)　たぶんぶあくじやと思ふが[10)]　（虎明本狂言・武悪）

(57)　多分此通りであらふ　（虎明本狂言・名取川）

(58)　書《か》ひたり誓《せひ》の字，願《ぐわん》の字の筆勢《ひつせひ》は，多分《ぶん》，子昂《すがう》が石摺《ずり》であらふ　（昨日は今日の物語・上・47）

(59)　多分時分がらじや程に，さん用をせいと云事にわせたものじや[8)]
（＝第10章 (50)）　（虎明本狂言・八句連歌）

のような例である。

先の (1a) (8a) は，原刊捷解新語の日本語の年代[5)]を考えれば，蓋然性判断の叙法副詞タブンの早い例であるといえるが，(1a) のタブンに与えられた対訳朝鮮語 geo-ui（「ほとんど」）[3)]は，情態副詞の用法にふさわしい。また，先の（3）の改修にも問題がある。すなわち，(3b, c) では，(3a) の情態副詞と解されるタブンがサダメテに置き換えられているだけでなく，さらにオオカタという語が付加されている。対訳朝鮮語を見ても，(3b, c) ではサダメテに相当する ildyeong/iljyeong（一定）と，オオカタに相当する geo-ui da の両方が用いられている。

これは，第一次改修当時のタブンが，いまだ元来の情態副詞と，新しい叙法副詞の両様の意味を保っていたためと推測される。その証拠に，(60) のような改修例も見られる。

(60) a．天気の様子が，多分〚ildyeong〛順風《おいかぜ》が有 r-*i*《り》そうに申すが
（原刊本・5・12ウ）

b．天気の様子が多くは〚iljyeong〛追い風であ r-*i*《り》そうにござると申すが
（改修本・5・18ウ）

（重刊本に対応個所なし）

（60）は，ａの叙法副詞タブンをｂでわざわざ情態副詞類「多くは」に改め，しかも対訳朝鮮語は表記以外もとのままで，タブンの叙法副詞の用法に相当するという混乱を呈している。（3b, c）でのサダメテとオオカタの併記は，（61）（62）の改修例と同様の性格をもつ。

（61）ａ．唯此方は愛らしぃ姿と御歌を聞き，拝もぅとの為ばかりで御座る程に　（原刊本・9・6）
　　ｂ．ただこちは愛らしい姿と御歌を聞きたいばかりのためでござるからほどに　（改修本・9・9）
（重刊本に対応個所なし）
（62）ａ．御振舞に反する事は，御座るまい　（原刊本・9・9）
　　ｂ．お振舞の約束をに反することはござるまい　（改修本・9・13）
（重刊本に対応個所なし）

これらは「結論が持ち越された「互相質難」〔略〕の過程を示唆するもの」（安田 1987:17），すなわち日本語としてどちらの言い方が正しいか，判定しかねた結果であろう。

3.4　シゼン

3.4.1　漢語副詞「自然」は，中世以前は一般に，「ひとりでに」「おのづから」の意味を表す情態副詞の場合は呉音でジネンと読まれ，「万一」「ひょっとすると」の意味を表す叙法副詞の場合は漢音でシゼンと読まれていたという。確かに，例えば日葡辞書には（63）のようにある。

（63）ａ．Iinen. *Per si, ou naturalmente*〔ひとりでに，あるいは，本来的に〕　（142v）
　　ｂ．Xijen. Moxi. *Poruentura*〔ひょっとして〕　（301）

また，志不可起には（64）の記述が見られる。

(64)　**しぜん**　或人曰俗に自然《しぜん》ヲ若《もし》ナドノ意ニツカフハ悪シ只をのづから也天理《テンリ》自然《しぜん》ト云ニテ意得ベシト云リ私曰ナルホド尤ノ弁《ベン》也俗ニハじねんト云ヲハをのつからニ意得しぜんと云ヲハ不意《フキ》ノ義ニ思アヤマレリ文字ハカハラズじねんハ呉音《ゴヲン》しぜんハ漢音《カンヲン》ニテ義ハ同キ也（6下・41）

(64) の説から逆に，延宝・天和頃まで意味の違いによる読み分けがなされていたと考えることもできるわけである。

しかしながら他方，(65)–(68) のような例も存在する。

(65)　物《もの》の妙《めう》を究《きはむ》る時《とき》には，自然《しぜん》に感《かん》を催《もよほ》す物なれば

（平家物語・上，p.257）

(66)　此《この》おもひをなす時《とき》，法衣《ほうい》自然《しぜん》に身《み》にまと(ツ)て肩《かた》にかゝり

（平家物語・上，p.414）

(67)　西金堂《さいこんだう》にをはします自然《じねん》涌出《ゆじゆつ》の観世音《くわんぜをん》　（平家物語・上，p.383）

(68)　現世《げんぜ》も未来も背かねば自然《〔しぜん〕》と栄ゆる福徳縁起《ふくとくえんぎ》

（博多小女郎波枕・上）

平家物語の読みは高良神社蔵本によるものである。(65)(66) では情態副詞をシゼンと読んでおり，(67) で仏教語に対して呉音を用いているにすぎない。また (68) は近松世話物の例であるが，既に情態副詞がシゼンと読まれている。これらの事実から，結局，情態副詞の「自然」をジネンと読んでいたのは中世のいつ頃から近世のいつ頃までなのか，そしてそれはどのような階層に行われていたのかということが，なお問題となりそうである。

3.4.2 以下では，捷解新語における形シゼンに従い，シゼンニやシゼントは考察の対象としない。また，漢字で「自然」と表記された例は，すべてシゼンと読んだ可能性のあるものとして採り上げることにする。

3.4.2.1　(69)(70) のような「自然」は，「ひとりでに」「本来的に」といった意味を表す情態副詞の例と解釈される。

(69)　自然道ニテモアフテト存シテマイラヌトカウ云ソ（蒙求抄・2・12）
(70)　毅父カ詩ハ自然絶妙ナル程ニ我カ潤色ヲ求ニ不可及ソ
（四河入海・18–4・55ウ）

これらは，(71) のコリャード懺悔録の例などから推しても，やはりジネンと読むべきものであろう。

(71) a．心が自然《じねん》傾き寄って，終《つひ》に一度《ど》科に落ちまらした　(p.42)
b．*quia tamen cor* ***paulatim*** *caepit inclinari : denique semel cum illo dormiui*　(p.43)

ただし，(71b) の対訳ラテン語は「次第に」である。

3.4.2.2　(72)(73) の「自然」の例では，文の述語が「～ことがあr-」「～もの(が)あr-」の形をとっていて，特定の事態を描くのではなく，非特定の事態群を描いている。

(72)　其ヲ自然モト教テカウ云ヘトテ師カ云タヤウナ事カア*r*《ッ》-タカナンソヲ誤テ云カソ　（勅規桃源鈔・3・53ウ）
(73)　サル程ニ自然トリハツイテ溺死スルモノ有（*ar*-u）ソ
（四河入海・24–3・73ウ）

これらの「自然」は情態副詞のなかでも，「ときには」「場合によっては」といった意味を表す，いわゆる時の副詞に移行しているものとみられる。この場合，シゼンなのかジネンなのか，調査した限りでは定かでない。

3.4.3.1　次に掲げるシゼンは，条件表現（第8章）の形式と呼応する（(74)(76)–(80)(82)(83)）か，または逆接条件表現[11)]の形式と呼応する（(75)(81)）叙法副詞の例で，「もし」または「たとえ」の意味を表す。

(74)　自然脚下テ踏殺サレタラウモノハ浄土エ生レヨソ

(勅規桃源鈔・4・4ウ)

(75)　自然秦国カ患カテキタリトモ衡人ニワカヽラハヤ

(史記抄・10・69)

(76)　自然貧賤ナラウ時ニ相救ハンタメテコソアレチヤホトニ

(史記抄・11・41)

(77)　自然気ニ逢タル客人モア r-*a*《ラ》ハ共ニ酌ヘキト

(中華若木詩抄・中・46)

(78)　自然廃スレハ県会民人カ金銭ヲ輸シテ造営スルソ

(四河入海・23-1・17ウ)

(79)　我らは田舎の者なれば，自然《しぜん》も人に行き逢 w-*e*《へ》ば，藁・芥《あくた》の中《なか》に逃げ入って隠るるにも心安い　　(エソポのハブラス，p.449)

(80)　此ことく，自然人にださせらるゝか，又進物になさるゝ時に，か様にいたす　　(虎明本狂言・目近籠骨)

(81)　しぜん見えあ w-《ふ》ても くるしうあるまひ　　(虎明本狂言・連歌盗人)

(82)　夫《それ》ハ慥《たしか》なるせうこじやが，自然いらへ z-*u*《ず》ハ何とあそばさうぞ

(虎明本狂言・横座)

(83) a．自然批判の時は，苦労が無に成ろうかと (原刊捷解新語・5・28)

b．自然批判に遭 w-*i*《い》ましては，苦労が無になろうかと

(改修捷解新語・5・40ウ)

(重刊本に対応個所なし)

(74)-(83) のシゼンと3.4.3.2のものとは，統語上区別する必要がある。

3.4.3.2　(84)-(88) のシゼンは，概言の形式と呼応して，命題が真である蓋然性が小さいながらあるとする話者の判断を導き出す叙法副詞であり，現代語の「もしかすると」「ひょっとすると」に相当する ((85b) の対訳ラテン語は「偶然に」)。

(84)　自然堂カラアイマチニ落タリナントカセウスラウチヤホトニソ
（史記抄・14・50）

(85) a．うち割ったらば自然身持ちになって，外聞を失w-*a*《は》うとむつかしう存じて　（コリャード懺悔録，p.40）

b．*quia tamen timui ne forte deflorata si* ***forte*** *grauida efficerer honorẽ am-mitterẽ*　（コリャード懺悔録，p.41）

(86)　しぜんぶあくがゆうれいでハござr-*u*《る》まひか　（虎明本狂言・武悪）

(87)　しぜんかいしきのやうな物がいr-*a*《ら》ふかとぞんじて
（虎明本狂言・連歌盗人）

(88)　しぜんそれをたのミにしていらるゝ事も御ざあr-*a*《ら》ふずる間
（虎明本狂言・鱸庖丁）

先の（5）のシゼンは上の意味で用いられているが，(5a) は調査した限りでは，この用法のシゼンが概言形式と呼応しない唯一の例である。

4. 捷解新語改修の日本語史的解釈

4.1　改修の原則

濱田（1981）は，捷解新語に見られる改修の原則について，(89) のように述べている。

(89)　〔略〕私は，改修本が原刊本のことばを改めるに当って，よって立った原則というべきものを，大きく分けて三つぐらいに考えている。これを「改修の三原則」とでも名づけよう。その第一は，比較的単純な日本語の時代的変化に即応するためと考えられるのものであるが，これは実際には，案外，数の上で多くないように思われる。もともと変化のテンポの早《〔ママ〕》い日本語であるが，特にそれが著しかったと考えられる十六，七世紀ごろの百年余りは，日本語の会話教科書としての『捷解新語』のことばの改訂を必要としたのは当然のことと言える。言わば，古語・古形となり，通用しなくなったものを，新しいものと取り替える作業である。

第二の原則は，右の，古いものを新しいものと取り替えるという第一原則とは，一見逆の，復古的とも言えるものであるが，それは，変化の過渡期にあって，いまだ新古両形，両様の言い方が併用されている状態の中で，原刊本が，むしろ，より新しい形，言い方であるのに対し，改修本が，それをあえて斥け，より古い形，言い方とも言えるものに改めたと考えられるものである。そして，この原則に従って行われたと認められる改修は，第一の原則によるものよりも，むしろ多いように思われる。

第三の原則は，原刊本の日本語が，日本語としていささか「変である」あるいは「誤っている」と認められたための改修である。原刊本の編者康遇聖は，まだ十代のころから，十年間日本に在住して相当日本語に習熟していたはずであるが，やはり外国人の日本語の域をぬけ出すことは出来なかったように思われる。そのような点を，改修に当って日本人の参加ということもあって，より正常な日本語に改めるという作業が行われたのである。誤植など，不注意による誤りの訂正をも含めて，これを第三の改修原則とする。　（濱田 1981：5－6）

本章で問題としている（1）-（9）（（4）を除く。以下同様）の改修は，(89)の三つのうち，どの原則によるものであろうか。例えば（1）において，原刊本のタブンを改修本および重刊本でサダメテに置き換えた点は，明らかに第二の原則に従っている。しかしながら，概言表現への置換に関しては，第二の改修原則によると断定することはできない。先の (42)-(44) のような用例を持つ言い方が，第一次改修の当時なお新しく俗であったとは思われず，また蓋然性判断の叙法副詞と概言形式との呼応は，現代語においてもごく普通に行われているからである。

捷解新語の改修に伴う概言表現への置換は，他の同時代資料における叙法副詞の用法から見て，第一または第三の改修原則によるものと考えたい。サゾが概言の形式と呼応しない（6a）の用法は，かつては認められたようであるが現代語においては行われておらず（(21)-(23)），（６）の改修は第一の原則に従っているといえよう。また（5a）は，3.4.3.2の用法のシゼンが概言形式と呼応しない孤例であって，その文法性が疑わしく，さらに，蓋然性判断の叙法副詞サダメテが存しながら概言形式と呼応せずに，述語が-タに相当する叙法形式を伴っている（2a）は，現代語の用法に照らしても，誤った言い方であった蓋然性が大きい[12)]。むろん，(21)(22)(42)-(44）が存在する以上，(6a)(7a, b)(9a）まで日本語として誤り，あるいは廃用であったとはいえまい。しかし一般に，蓋然性判断の叙法副詞が概言形式と呼応しなくてよいのは述語が-非タを伴う場合に限られ，述語が-タを伴う場合は概言のモダリティ形式を必要とする（(38)(50)(51)(59)）。つまり，日本語の叙述の文は，概言の形式が示されなければ基本的に確言を表すのであるが，述語が-非タを伴い蓋然性判断の叙法副詞が用いられると，臨時的に概言の文となるのである。したがって，蓋然性判断の叙法副詞があるときは[13)]，常に概言形式を示しておけば誤り等は避けられるわけであり，（１）-（９）の改修は，不適格な日本語になることを避けようとする意図に発するものであったと見られる。

4.2　原刊捷解新語の資料的価値

捷解新語の原刊本には，他の同時代資料と比べて特異な言語現象がしばしば見受けられる。それらの現象は，

(90)　他の同時代資料にも――性質を異にする国内資料と外国資料の両方にわたって――同様の例がいくらかは見られる。

(91)　現（近）代語の形および用法に合致しているか，またはそれらへの変化を合理的に説明する。

の条件のいずれかを満たすとき，言語的規範に隠されがちな当時の口語の実態を反映していると考えることができ，その実態が次の時代の規範となると

いう意味で，むしろ（91）の方が日本語史的には一段と重要であろう。原刊本の資料的価値の高さはそこにある。(90)(91）を二つとも満たすのが，例えば「-コソ…連体形終止」（安田 1980）であり，(91）のみを満たすのが，例えば -マルスル（安田 1981b）である。しかしながら，二つの条件のいずれをも満たさない言語現象の場合は，その真の性格について，なお議論の余地があるものと思われる。例えば「疑問語…-カ」（安田 1981a）がそれである。(92)(93）を見られたい。

(92)　正官は何処に御座るか[14)]　（原刊本・1・15 ウ）
(93)　都は何時頃立たしられて，此所許へは何時頃著かしらると申すか　（原刊本・5・11）

「疑問語…-カ」は，近世以降国内資料にほとんどその例がなく，現代語においても統語上の制約を受ける。(94）を見られたい。

(94) a．誰が来た？
b．*誰が来たか？
c．誰が来ましたか？
d．?誰が来ただろうか？〔話し言葉で〕
e．太郎は私に，誰が来たかと訊いた。
f．誰が来たか教えてくれ。

この現象に関しては，非丁寧体か丁寧体か，モダリティ形式 -ダロウの有無，文の独立性といった問題が，今後に残されているのである。

5. おわりに

捷解新語における叙法副詞の呼応は，より適格で自然な日本語を目指した改修の跡であり，朝鮮資料の成長性[15)]を示す現象の一つととらえることができる。

朝鮮資料はかつて，日本語史研究の上で不当に軽視，あるいは無視されていたが，濱田（1962;1970）などの論によって，日本語史研究資料としての位置づけがなされ，その価値が認められるようになった。将来はこれをふまえて，朝鮮資料のもつさまざまな側面，性質を，そこに見られる個々の言語現象の性格に基づき，よりきめ細かく解明してゆくことが，日本語史研究への資料の正しい適用という点からも必要であると考える。

注

1）　これらの事実を初めて報告したのは，竹山（1989）である。

2）　ハングルのローマ字転写は，韓国文化観光部が2000年7月7日に告示した表記法の第3章第8項に依拠した。現代朝鮮語にない「ㆍ」は@で写した。

3）　原刊本巻1の末尾（33ウ）に14語の日本語釈があり，そこには「多分 geo--uilan mal-ila（ほとんどの意の語だという）」と記されている。

4）　現代語の叙法体系（第2章表1）に基づく。

5）　原刊捷解新語の日本語は，実際は16世紀末頃のものと考えられる（濱田1980:38–39）。

6）　この意味・機能の記述は次の事実から導かれる。第一に，サゾは程度副詞類と共起しない。

（i）　*太郎がさぞ｛とても／少しは｝喜んでいるだろう。

第二に，サゾは直接経験できない事態に関して判断する場合には用いられにくい。

（ii）　試験管の中は｛?さぞ／きっと非常に｝熱くなっているだろう。

第三に，サゾは概言形式のなかでも，命題が真である蓋然性が小さい（けれどもある）とするものとは呼応しない。

（iii）　*太郎がさぞ喜んでいるかもしれない。

7）　例えば，日葡辞書におけるサダメテの項の説明は，（i）のとおりである。

（i）　Sadamete. *Aduer. Decercto, ou sem duuida: posto que o sentido commum, & corrente he, por ventura, ou prouauelmente*〔副詞．確実に，あるいは，疑いなく．ただし，一般通用の意味は‘もしかすると’，あるいは，‘多分’である〕　(215)

8)　-モノジャは推量判断実践文において用いられたモダリティ形式と見なされる（第10章5)。

9)　虎明本狂言の次の例は，これに該当するように見える。

（ⅰ）　此花ハ，さだめてていしゆのいれられたとミへたが　　　（乳切木）

しかし，（ⅰ）の破線部の「と見えた」という形は，虎明本狂言にきわめて多い。

（ⅱ）　只今ハれんがのいひずてをしたと見えたが　　　（大黒連歌）

（ⅲ）　みれハうりかふ物をよばハると見えた　　　（末広がり）

このような「と見えた」は，文法化してモダリティ形式に近づいたものと考えたい。もっとも，(ⅳ)(ⅴ) に見るように，「と見えた」に相当する現代語のモダリティ形式-ヨウダ（推定）は蓋然性判断の叙法副詞に応じにくく，なお問題は残る。

（ⅳ）　?その男は {たぶん／おそらく} ヤクザ {の／だった} ようだ。

（ⅴ）　?彼は {たぶん／おそらく} {来る／来た} ようだ。

10)　(56) のような例は，現代語における文末の「と思う」がモダリティ形式に近いものとなっている（森山1992）ことを考え合わせて，ここに含めた。

11)　逆接表現（石黒1999）の一種。ここでは，聞き手がある条件関係を考えていると話者が判断したうえで，その関係を話者が間接的に否定する表現を指す。

12)　小学館日本国語大辞典（第二版）のサダメテの項，「〔二〕(２)」の原刊捷解新語からの例文（＝本章 (2a)）は不適切と考える。

13)　(3a) のタブンは情態副詞と解されるが，それを (3b, c) では，情態副詞か叙法副詞か判定しかねている (3.3)。

14)　対訳朝鮮語は「正官-eun eod@i gyeosi-ongo」で，ゴザルは尊敬語と見られる。なお，朝鮮語の解釈にあたっては辻 (1975) を参照した。

15)　この語は，土井 (1971) が「吉利支丹日本語学」の「特質」の一つとして挙げている「成長性」(pp.55-) に倣う。

参照文献

土井忠生 (1971)『吉利支丹語学の研究　新版』三省堂。

福田嘉一郎 (1992)「中世末期口語における～テゴザルと～テゴザッタ：中世語動詞のテンス-アスペクト体系の一斑」『詞林』11，pp.61-76，大阪大学。

濱田敦 (1962)「外国資料」『国語国文』31 (11)，pp.1-18，京都大学。

濱田敦（1970）「朝鮮資料」『朝鮮資料による日本語研究』pp.37–52，岩波書店。
濱田敦（1980）「規範：四十年の総括，つづき」『国語国文』49（1），pp.32–46，京都大学。
濱田敦（1981）「えい・よい・よろしい」『国語国文』50（1），pp.1–15，京都大学。
石黒圭（1999）「逆接の基本的性格と表現価値」『国語学』198，pp.14–29，国語学会。
森山卓郎（1992）「文末思考動詞「思う」をめぐって：文の意味としての主観性・客観性」『日本語学』11（9），pp.105–116，明治書院。
竹山美紀（1989）「近代語成立期の推量表現：日本語の古代から近代への過渡期を考える」京都大学大学院文学研究科修士論文。
辻星児（1975）「原刊「捷解新語」の朝鮮語について」『国語国文』44（2），pp.1–32，京都大学。
安田章（1980）「コソの拘束力」『国語国文』49（1），pp.47–65，京都大学。
安田章（1981a）「疑問表現の変遷」土井先生頌寿記念論文集刊行会（編）『国語史への道　上』pp.203–222，三省堂。
安田章（1981b）「朝鮮資料の位置」『国語国文』50（12），pp.42–56，京都大学。
安田章（1987）「改修捷解新語解題」京都大学文学部国語学国文学研究室（編）『改修捷解新語　本文・国語索引・解題』pp.3–24。

出典

平家物語・昨日は今日の物語＝日本古典文学大系（岩波書店）
勅規桃源鈔＝続抄物資料集成（清文堂出版）
史記抄・蒙求抄・四河入海＝抄物資料集成（清文堂出版）
中華若木詩抄＝国立国語研究所蔵寛永十年版本
エソポのハブラス＝大塚光信；来田隆（編）（1999）『エソポのハブラス本文と総索引　本文篇』清文堂出版
天草版平家物語＝亀井高孝；阪田雪子（翻字）（1980）『ハビヤン抄キリシタン版平家物語』吉川弘文館
コリャード懺悔録＝大塚光信（1985）『コリャード　さんげろく私注』臨川書店
原刊・重刊捷解新語＝京都大学文学部国語学国文学研究室（編）（1972）『三本対照　捷解新語　本文篇』，京都大学文学部国語学国文学研究室（編）（1973）『三

本対照　捷解新語　釈文・索引・解題篇』
虎明本狂言＝大塚光信（編）（2006）『大蔵虎明能狂言集　翻刻　註解　上・下』清文堂出版
志不可起＝近世文学資料類従 参考文献編 7（勉誠出版）
改修捷解新語＝京都大学文学部国語学国文学研究室（編）（1987）『改修捷解新語　本文・国語索引・解題』

上記以外の資料は新編日本古典文学全集（小学館）に依拠した。

第 10 章　説明の文法的形式の歴史について
―「連体なり」とノダ―

1. はじめに

日本語には，現代語であれば -ノダ，-モノダ，-ワケダといった，説明表現のための文法的形式が存在する。それらの形式，なかでも -ノダに関する通時的研究は，筆者の目標の一つである。本章では，中古語における「活用語連体形」に後接する -指定ナリ（以下「連体なり」とする）と，現代語の -ノダとの歴史的な関係について，中世後期の口語資料を中心に考察する。

2.「連体なり」と現代語 -ノダ

最初に，（1）を見られたい。

（1）　男もす$_{a}$な*r*《る》-u$_{(2)}$日記《にき》といふものを，女《をむな》もしてみむとてする$_{b}$な*r*《り》-i
（土佐日記・冒頭文）

(1b）が「連体なり」の例である[1)]。これに対し，(1a）のようなものを -推定ナリ（evidential *-nari*）と呼ぶ（Fukuda 2016:49)。

一般に，現代語の -ノダは統語的機能の点で，「連体なり」に相当するものと見なされているようである。例えば（2）を見られたい。

（2）　その助動詞が――助動詞だけでなく，活用するすべての語が――客体的表現にあずかるものであるか主体的表現にあずかるものであるかは，現代語の場合には，「のだ」(これが，古代，特に中古の場合の「連体なり」に相当する）に上接するかしないかによって決められるべき

であろう。　　　　　　　　　　　　　　　　　　（北原 1981:583，下線筆者）

具体的な論としては，信太（1970）がある。（３）を見られたい。

（３）　中古の断定の助動詞「なり」が活用語連体形を承接したのに対し，現代語の断定の助動詞「だ」は活用語連体形を直接承接するということがない。この相違は，
(1)断定の助動詞の変遷そのものに由来するのではなく
(2)断定の助動詞に上接する連体形の問題，すなわち，連体形準体法の消滅としてとらえられるものである
ということをあきらかにし，更に，この問題に付随して，中古の「なり」にはみられなかった断定の助動詞の用法，すなわち
(3)係り結び文を承接する用法，助動詞「む」「らむ」が断定の助動詞に上接する用法が準体法消滅過程にあらわれる過渡期的な用法である
ということをあきらかにする。　　　　　　　　　　　　（信太 1970:29）

信太（1970）は，「連体なり」に前接していた準体法が消滅して，「連体形」に（準体助詞 -ノを含む）形式名詞が後続する形へと交替したと考えるものである。しかしながら，実際にどのような形式名詞が用いられるようになったのかは明らかにしていない。そこで第３節では，中古語（古典語）から近代語への変化を観察する目的で，覚一本平家物語に見られる「連体なり」が，天草版平家物語の対応する個所でどのように表現されているかを調べることにする。

3. 覚一本平家物語の「連体なり」に対応する天草版平家物語の表現

本章のために調査を行なった範囲は，覚一本平家物語の「巻第一」「巻第二」の全部および「巻第三」の冒頭から「僧都死去」までと，それらにきわ

めて近いものを原拠としたと考えられている（清瀬 1982），天草版平家物語の「巻第一」の全部および「巻第二」の「第一」である。覚一本に見られる「活用語」に後接した「なり」が -推定ナリであるか「連体なり」であるかは，主として北原（1976）の方法に従って判定し，北原（1966;1967）に示された中古語における「なり」の識別の基準をも参考にした。その手続きにより明らかに「連体なり」であると認められた例のみを観察の対象とする。

覚一本の「連体なり」に対応する天草版の表現は，次の I，II およびそれら以外の III という三つの型に大きく分けることができる。

I　覚一本の「連体なり」が，天草版で「活用語連体形」に後接する接語（clitic）の -ナリまたは -ヂャに置き換えられたもの——（4）-（10）の 7 例（それぞれ a が覚一本の，b が対応する天草版の例を示す。以下（35）まで同様）。

（4）a．かくて此世にあるなr-a《ら》ば　（上，p.102）
　　b．かうしてこの世にゐるなr-a《ら》ば　（p.102）
（5）a．かくて都にあるなr-a《ら》ば　（上，p.103）
　　b．この分で都にゐまらするなr-a《ら》ば　（p.103）
（6）a．まゑんの来たるにてぞあるらむ　（上，p.104）
　　b．魔縁のきたるでこそあるらう　（p.104）
（7）a．礼義を背にあらずや　（上，p.172）
　　b．礼儀をそむくではござないか？　（p.45）
（8）a．然ば君のおぼしめし立ところ，道理なかばなきにあらず　（上，p.173）
　　b．そのうへ君のおぼしめしたつところ道理なかばないではござない　（p.46）
（9）a．おぼろけにてはさはがせ給はぬ人の，かゝる披露のあるは別の子細のあるにこそとて　（上，p.176）
　　b．おぼろけには騒がれぬ人のかかる披露のあるは別《べツ》の子細のあるにこそと言うて　（p.49）

(10) a．さればいままで此者共は，命のいきてあるにこそ」とて　（上，p.204）

b．いまだこの者どもは命の生きてあるにこそとおほせられて（p.67）

両資料ともに「ならば」の形をとっているもの（(4)(5)），否定が関与するもの((7)(8)），天草版が覚一本の表現を踏襲したと見られるもの((9)(10)）がある。

II　覚一本の「連体なり」が，天草版で「活用語連体形」に後接する「形式名詞(コト，儀)＋(-ナリ／)-ヂャ」の形に置き換えられたもの——(11)-(18)の8例。

(11) a．祇王さればとて，今更人に対面してあそびたはぶるべきにもあらねば　（上，p.99）

b．妓王はさればとて今さら人に対面して，遊びたはむれうずることでもなければ　（p.98）

(12) a．年のわかきをたのむべきにあらず　（上，p.105）

b．年の若いを頼まうずることでもない　（p.105）

(13) a．侍品の者の受領検非違使になる事，先例傍例なきにあらず　（上，p.155）

b．侍《さぶらひ》ほどの者の受領《じゆりやう》検非違使《けんびゐし》になることためしない事《co》ではない　（p.26）

(14) a．良ありて，さても有べきな *r*-a《ら》n-e《ね》-ば　（上，p.164）

b．ややあってさてもあらうずることでなければ　（p.36）

(15) a．心の底に旨趣を残すべきにあらず　（上，p.172）

b．心の底に意趣を残さうずる儀でござなければ　（p.45）

(16) a．御運のつきむこともかたかるべきにあらず　（上，p.175）

b．御運のつきうずることもかたいことではない　（p.48）

(17) a．さてもあるべきな *r*-a《ら》n-e《ね》-ば　（上，p.189）

b．さてあらうずることでなければ　(p.63)

(18) a．さてもあるべきな r-an-e《らね》-ば　(上，p.230)

b．さてあらうずることでもなければ　(p.81)

(13) を除く全例で，覚一本は「べきならず」「べきに（も）あらず」の形をとっており，それらのうち (16) 以外のものは，天草版で「うずることで（も）ない」「うずる儀でござない」という形に置き換えられている。

III　覚一本の「連体なり」が，天草版で I・II 以外の表現をとるもの——(19)-(35) の 17 例。

(19) a．二たびおもてをむかふべきにもあらず」とて　(上，p.100)

b．ふたたび面《おもて》を向けうずるものかと言うて　(p.99)

(20) a．いまはたゞ身をなげんとおもふな r-i《り》」といへば　(上，p.102)

b．今はただ身を投げうずると言へば　(p.102)

(21) a．年老をとろへたる母，命いきてもなににかはせむな r-e《れ》-ば　(上，p.103)

b．年老い，齢《よはひ》衰《はワ》へた母がとどまっても何にせうぞ？　(p.102)

(22) a．我もともに身をなげむとおもふな r-i《り》　(上，p.103)

b．われも共に身を投げうず　(p.102)

(23) a．中々たゞあけていれんとおもふな r-i《り》　(上，p.104)

b．なかなかただあけて入れうと思ふ　(p.104)

(24) a．はじめよりして申な r-i《り》　(上，p.105)

b．はじめよりして申す　(p.104)

(25) a．新大納言成親卿は，多田蔵人行綱をようで，「御へんをば一方の大将に憑な r-i《り》　(上，p.125)

b．成親卿行綱を呼うで御辺《ごへん》をば一方《いつぱう》の大将に頼むぞ　(p.20)

(26) a．あはれ，これは日来のあらまし事のもれきこえけるにこそ　(上，p.156)

b．あはれこれは日ごろのあらましごとがもれきこえたとみえた (p.27)

✔(27) a．ものゝふ共が参るにこそとまち給ふに (上，p.157)

b．もののふどもが来たると待たるるところへ (p.27)

(28) a．教盛を一向二心ある者とおぼしめすにこそ (上，p.167)

b．いっかう宰相を二心《ふたごころ》あるものとおぼしめさるるか？ (p.39)

✔(29) a．少将「さ候へばこそ，成経は御恩をも(ッ)てしばしの命ものび候はんずるにこそ (上，p.168)

b．少将さござればこそそれがしは御恩をもってしばしの命ものびてござる (p.40)

✔(30) a．あまりにひたさはぎにみえつる間，帰りたりつるな*r*《り》-i (上，p.175)

b．あまりにひた騒ぎに騒いだによって帰った (p.49)

✔(31) a．重盛不思議の事を聞出してめしつるな*r*《り》-i (上，p.177)

b．重盛不思議のことを聞きいだいて召した (p.52)

(32) a．いまだいとけなき心に何事をか聞わき給ふべきな*r*《れ》-e-共 (上，p.184)

b．まだいとけない心に何ごとをか聞きわきまへられうぞな*r*《れ》-e-ども (p.57)

✔(33) a．さ云備前・備中・備後も，もとは一国にてありける也（...-*nar*-i） (上，p.185)

b．さ言ふ備前備中備後ももとは一国であった (p.59)

(34) a．僧都は何とてか忘べきな*r*《れ》-e-ば (上，p.234)

b．俊寛はなぜに忘れうぞな*r*《れ》-e-ば (p.86)

✔(35) a．有王「うつゝにて候也（...-*nar*-i） (上，p.235)

b．有王現でござる (p.87)

I・II・III の各対応例から，覚一本の「連体なり」が天草版で「形式名詞＋{-ナリ／-ヂャ}」の形に置き換えられたものは少なく，しかも類型的な言い回しに偏ること，および，覚一本の「連体なり」が天草版で無視されたものが最も多い（✔を付した 11 例）ことが知られる。なかでも（30）（31）は，いずれも文脈の上で情報の焦点が文の述語になく，現代語の言い方なら -ノダを用いないと不適格になる例であるにもかかわらず，天草版では文末に特別な表現が見られない。この事実を承けて第 4 節では，現代語において -ノダが必要な場合に，中世後期の口語でどのような表現がなされていたかを探ってゆく。

4. 理由を特立する場合の現代語 -ノダと中世口語の表現

現代語の -ノダの意味・用法に関しては，既に数多くの研究がある。しかし，どのような場合に -ノダという形式が必要とされるかは，いまだ完全には判明していないといえる。一般に，文の述語によって表される事柄に情報の焦点がない場合は -ノダが必要であると考えられるが（いわゆる「スコープの「の(だ)」」，小金丸 1990），本章ではそのなかから，田野村（1990a）に従って，理由を特立する場合の -ノダを取り上げ，考察の手がかりとする。（36）を見られたい。

（36）　特立性との関連で言えば，あることがらを前提として，その原因や理由を新しい情報として付加して述べる場合にも，「のだ」が必要とされることが知られている。例えば，

（失敗を悔やんで）君がよけいなことを言うから失敗したんだ。

という文は，失敗したことはすでに分かっている状況において，その原因が，ほかではなく相手のよけいな発言であることを表現するものである。〔略〕この文から「のだ」を除いて，

君がよけいなことを言うから失敗した。

のようにすると，伝達の焦点は文末の「失敗した」の方に移り，文意が変化してしまう。　（田野村 1990a:46–47）

さて，中世口語における理由を表す接続節としては，「…ほどに」と「…

によって」が代表的であったことが報告されている（小林 1973)。そこで，中世後期の口語資料に見られる -ホドニおよび -ニヨッテの用例のうち，述語に情報の焦点がない文に含まれ，表す理由が特立されているものを調べてみた。(37)–(41) を見られたい。

(37)　私が只今知らぬと申したことは，かやうに籠者せられうことを弁へなんだによって，知らぬとは答へてござる（エソポのハブラス，p.416）

(38)　又我等力で彼の使いを自由に捌かれん事ぢや程に，斯様にこそ申しまるする　　（原刊捷解新語・8・7ウ）

(39)　さやうのしさいハぞんぜぬ，上下によらずもちいてまいる程に，我等もくだされてござる　　（虎明本狂言・鈍根草）

(40)　某もミやうがをくハひで，たでをくふによつて，まだもこれほどにくがいをする，みや《くう》がなどくふたらハ，くがいをする事がなるまひと思ふによつてくハぬ　　（虎明本狂言・鈍根草）

(41)　ある人,「弁慶は判官殿の若衆ぢやか」といふ。「なぜに」といへば,「判官むさしを召され，と舞に舞うほどに，さうかと思ふた」　　（昨日は今日の物語・下・32）

(37)–(41) の -ホドニあるいは -ニヨッテを含む文は，いずれも現代語の言い方であれば -ノダを必要とすると見られるが，先の (30b) と同様，現代語の -ノダに相当するような表現を伴っていない。これによると，当時は理由を特立する場合でも，文末に特別な表現が必要でなかったことになり，現代語 -ノダと独占的に対応する形式が，中世後期の口語には欠けていたことがわかる。

しかしながら，ここで (42) を見られたい。

(42)　がてん致た，此つなを引たによつて，つえがあたつた物じや，此つなをひけバ，ぐな〳〵とする程に　　（虎明本狂言・瓜盗人）

(42) の -ニヨッテを含む文も述語に情報の焦点がないものであるが，文末に -モノヂャという形式を従えている。現代語における -ノダに相当するこのような -モノヂャの例は，中世後期の口語資料にかなり多く見られるのである。続く第 5 節では，現代語の -ノダに置き換えることのできる中世語の -モノヂャが用いられた条件を明らかにする。

5. 現代語 -ノダに相当する中世語 -モノヂャ
—判断実践文において—

現代語の -ノダによって解釈しうる中世口語の -モノヂャの例をいくつか挙げてみる。(43)–(46) を見られたい（網掛は述語の外にある情報の焦点を示す。以下同様)。

(43)　さればこそ紛《まが》ひもない。あれが取ってくらうたものぢゃ

（エソポのハブラス，p.411）

(44)　(夫)「〔略〕おじやるか〳〵，たゞいまくだつておりやるハ　(妻)「なふうれしや，是《これ》の人が下られたものじやよ　（虎明本狂言・鏡男）

(45)　(太郎冠者)「いや思ひだいた，こひのおもにといふ事が有程に，此文ハ恋の文である物じや　(次郎冠者)「げにもこひのおもにといふうたひが有程に，こひのぶんしやうがある物じや，おもひよ

（虎明本狂言・文荷）

(46)「ともばやしとは不思議ぢや。ともばかりですむに，はやしがいる物ぢや」といへば　（昨日は今日の物語・上・53）

上のような -モノヂャの用法について考えようとするとき，田野村(1990b)の言う「推量判断実践文」と「知識表明文」との区別は重要である。(47)を見られたい。

(47)　(a)（アノ風体カラスルト）あの男はヤクザだ。

(b)（君ハ知ラナイダロウガ）あの男はヤクザだ。

まず，(a)の場合，この文の話者はいままさに判断――この場合，推量的判断――をくだした，もしくは，くだしつつあるといえる。このため，(a)は判断を表わすものだということも許されはしようが，むしろ，(a)を発すること自体が判断をくだすことに相当する，といった方が誤解のおそれがなくてよい。〔略〕

他方，(b)では，話者が知識としてもっている情報が表明されているにすぎない。発話の時点において判断がくだされるわけではない。〔略〕

以上のことから，単一の文「あの男はヤクザだ」の用法には，「判断を表わす」という特徴づけが適切な場合とそうでない場合とがあることになる。(a)のような場合には，「判断を表わす」ということも不可能ではないわけであるが，上述した理由により，これを〈推量判断の実践〉とよぶことにする。〔略〕他方，(b)のような場合には，判断という精神的な営みに関わるものではないから，「判断」という表現を避けて，〈知識の表明〉とでもすべきであろう。そして，文がそれぞれの機能を果たす時，その文を〈推量判断実践文〉〈知識表明文〉とよぶことにする。（田野村 1990b：785–786）

田野村（1990a）は，現代語における -ノダで終わる文のなかにも，この推量判断実践文と知識表明文とがあると述べている。(48）を見られたい。

(48)〔略〕例えば，

この地方ではこうした伝統が今も息づいているのです。

うちの子も来年は小学校なんですよ。

といった文は，知識表明文の例である。〔略〕次に，

あっ，財布がない。電車の中ですられたんだ。

あんなに喜んでいる。よほど嬉しいんだ。

という例の第二文は，いずれも，推量判断実践文の例である。これら

は話し手の推量を表しており，「きっと」「おそらく」「多分」などの表現を加えることができる。　(田野村 1990a：22-23)

現代語の -ノダに相当する中世語の -モノヂャは，先の（42)(43)-(45）のように，大部分の例が推量判断実践文において用いられているのである[2)]。なかには次の(49)(50)のように，叙法副詞を伴うものも見られる(第9章)。

(49)　物知らん者どもが定めて忘れて然う為まるしたものぢや程に
(原刊捷解新語・2・10ウ)

(50)　多分時分がらじや程に，さん用をせいと云事にわせたものじや（＝第9章（59)）　(虎明本狂言・八句連歌)

ただし，例えば先の（46）の場合，-モノヂャで終わる文は知識表明文ではなく判断実践文ではあるけれども，そこで行われているのは推量判断とはいえないであろう。田野村（1990b）にもあるように，推量判断実践文と知識表明文が「平叙文」（叙述の文）の用法のすべてではない。現代語の -ノダで終わる文も，そのような推量ではない判断――断定的判断――を実践することがある[3)]。(51）を見られたい。

(51)　仄《ほの》暗い湯殿の奥から，突然裸の女が走り出して来たかと思うと，脱衣場の突鼻《とつぱな》に川岸へ飛び下りそうな恰好で立ち，両手を一ぱいに伸して何か叫んでいる。手拭もない真裸だ。それが踊子だった。若桐のように足のよく伸びた白い裸身を眺めて，私は心に清水を感じ，ほうっと深い息を吐いてから，ことこと笑った。子供なんだ。私達を見つけた喜びで真裸のまま日の光の中に飛び出し，爪先きで背一ぱいに伸び上る程に子供なんだ。私は朗らかな喜びでことことと笑い続けた。頭が拭われたように澄んで来た。微笑がいつまでもとまらなかった。
　踊子の髪が豊か過ぎるので，十七八に見えていたのだ。その上娘盛りのように装わせてあるので，私はとんでもない思い違いをしていたのだ。　　　　　　　　　　　　（川端康成「伊豆の踊子」3）

以上，本節では，現代語の -ノダに相当する中世語の -モノヂャが，判断実践文においてのみ用いられるものであったことを示した[4)]。第6節では「連体なり」の系譜に立ち戻って，「活用語連体形」に後接する -ナリ／-ヂャの，中世語における意味・用法を問題とする。

6. 文に後接する形式としての -ナリ／-ヂャ

先に挙げた（4）-(10) では，それぞれの b が天草版平家物語に見られる，「活用語連体形」に後接する -ナリ／-ヂャの例である（ただし，天草版平家物語が覚一本の表現を踏襲したらしい，（9）および（10）の場合をひとまずおく）。いま一度掲げる。

（4）b．かうしてこの世にゐるなr《ら》-aば　(p.102)
（5）b．この分で都にゐまらするなr《ら》-aば　(p.103)
（6）b．魔縁のきたるでこそあるらう　(p.104)
（7）b．礼儀をそむくではござないか？　(p.45)
（8）b．そのうへ君のおぼしめしたつところ道理なかばないではござない　(p.46)

このような表現は，(4b)(5b) のような「ならば」という形における -ナリの例も含めて，様々な中世口語資料に存在し，そのことが指摘されてもきている。(52)-(60) を見られたい。

(52)　大衆ノ坐禅スルヲミルチヤソ　（勅規桃源鈔，湯沢 1929:186）
(53)　子トシテ父ヲ議シ臣トシテ君ヲ議スルテコソアレ　（史記抄，信太 1970:30）
(54)　アレヲ伐ツナr《ラ》-aハ成マイト思フテ　（蒙求抄，湯沢 1929:193）

(55)　そちと問答をするな r-a《ら》ば，終り果てがあるまい

（エソポのハブラス，p.413）

(56)　小勢《こぜい》をもって大勢《おほぜい》に勝つことは，その例《ためし》がないでもない

（エソポのハブラス，p.461）

(57)　さうあるな r-a《ら》ば，真《まこと》にデウス要らざる儀をばめされたと見えてござる　（コリャード懺悔録，p.10）

(58)　定まって下さる物を申すでは御座らん。別に申して下されうかと申しまるする　（原刊捷解新語・1・25）

(59)　御座って久しぅもなうて，限りも遠い程に，此の程逗留召さるな r-a《ら》-ば，定まった宴なども皆済めて，ゆるりと御座って行く様にさしられ

（原刊捷解新語・3・20 ウ）

(60)　内々おぢじや人も，某がさんぐういたすな r-a《ら》ハ，同道いたしたひと申されて御ざる程に，人をやらふとぞんずる（虎明本狂言・素襖落）

また，天草版平家物語の例（32b）および（34b）では，独立した文に -ナリ（／-ヂャ）が後接している。

(32) b．まだいとけない心に何ごとをか聞きわきまへられうぞな r-e《れ》-ども

（p.57）

(34) b．俊寛はなぜに忘れうぞな r-e《れ》-ば　（p.86）

文に後接するという -ナリ／-ヂャの用法は，中世語に特徴的なものである。(61)–(63) を見られたい。

(61)　ケニモトコヲ取テ論センソヂヤホドニ歟　（史記抄，信太 1970:38）

(62)　何カ何事モナウテハアラウソナ r-e《レ》-トモ　（史記抄，信太 1970:38）

(63)　そもく女人成仏の法と申は，弥陀の御誓願に如く事なし。何をもつてかくいふな r-e《れ》-ば，まづ女は，つび深くして浮みがたし」と仰ければ　（昨日は今日の物語・下・33）

同様に,「ならば」の形における -ナリが文に後接する例も少なくない。(64)-(70) を見られたい。

(64)　已降スルトキハ自殺ハナニカセウソ　死ネナ*r*《ラ》-aハ自殺セウソ
（史記抄，小林 1996:128）

(65)　長《マ》サントナラハ二石 -斗ヲ一取ヒ二上 -種ヲ一，石斗トハ米ヲ云ソ，米ヲ多ニナサフナ-*r*《ラ》-aハ，取上種ト云ハ　（史記抄，小林 1996:127）

(66)　疏ニ子路カ国ヲ治メフト云志ヲ咲フテハナイソ若是ヲ笑フソナ*r*《ラ》-a-ハ冉求モ国ヲ治ル志ヲ云タ程ニ何ソ独リ子路ヲ笑ソト云レタソ
（京都府立総合資料館蔵論語私鈔，小林 1996:123）

(67)　さらばただあったる時ともかくもなったぞな*r*《ら》-aば，なんとせうぞ？　（天草版平家物語，p.57）

(68)　但し明日の出船にも安ぅ為うな*r*《ら》-aば，中官以下をば上げずに如何
（原刊捷解新語・6・20ウ）

(69)　汝がゆくまひな*r*《ら》-aハ，身共にもつてゆけといふ事か
（虎明本狂言・腥物）

(70)　おこせひな*r*《ら》-aハやらふ　（虎明本狂言・痩松）

中世語において -ナリ／-ヂャが独立の文にしばしば後接したという事実の上に立って，ここでは次のように考えたい。すなわち，(4)-(8) のbあるいは (52)-(60) の場合もまた，-ナリ／-ヂャは「活用語連体形」に後接しているように見えるけれども，実際は文に後接しているととらえるのである。このような観点により，中世語の名詞以外のものに後接する -ナリ／-ヂャが，文に後接する形式として統一的に把握される。ちなみに,「ならば」の形は文に後接する用法が認められるかぎり，単なる接続接語ではないということになる。なぜなら，例えば現代語において，-ガ，-ケレドモ，-カラ，-シといった接続接語は文的度合いが最も高い「C類」(南 1974) の接続節をつくるが，(64)-(70) の「ならば」に前接しているような，終助詞を伴う文，希求の文，意向表明の文は，そのC類の接続節にも含まれえないからである。

(71)-(73) を見られたい。

(71)　*明日は雨になるだろうねが，遠足は行われるだろう。(仁田 1989:4)
　　(cf. 明日は雨になるだろうが……)
(72)　*静かにしろが，なかなか静かにならない。　(仁田 1989:4)
(73)　*今回は大目に見ようが，この次は許さないぞ。

この，文に後接する形式としての (-ナリ／) -ヂャを受け継いだと見られる現代語の表現は，(74a) のようなものである。これは -ノダに置き換えることができず，「ということ」などの形を用いて言い換えなければならない。(74a) は，現代語においては文法体系の外に取り残された，化石的な形式といえよう。

(74) a．太郎の気持ちは『わからない』でもない。
　　b．?太郎の気持ちはわからないのでもない。
　　c．太郎の気持ちは『わからない』(という) こともない。

第 7 節では，近世前期語における実態を確認する。

7. 近世以降

第 4 節から第 6 節では中世語について，文末に特別な表現を伴わずに理由が特立される言い方 (①)，現代語の -ノダに相当する，(推量) 判断実践文において用いられる -モノヂャ (②)，文に後接する (-ナリ／) -ヂャ (③) を観察した。これらの形は近世前期の上方語資料にも現れ，通時的連続が知られる。

①の例：

(75)　さりながら父様《とつさま》を見やいの，御前《ごぜん》もよく御加増《ごかぞう》まで下された，武芸

は侍の役珍しからぬ，茶の湯を上手《じやうず》になさるゝ故，人の用ひ奔走《ほんそう》もある　（鑓の権三重帷子・上）

②の例：

(76)　それは〳〵いとしほげに，微塵《みぢん》訳は悪うなし，頼もしだてが身のひしで，騙《だま》されさんしたものな r《れ》-e-ども　（曽根崎心中・天満屋の場）

③の例：

(77)　苦にかけうではなけれども，案じてもくだんせず　（丹波与作待夜の小室節・中）

(78)　何《なん》と御両人，聞き覚えもあつて，茶の湯の名を取らうならこのたびなりとぞ語りける　（鑓の権三重帷子・上）

近世に入ると，準体助詞 -ノが成立したために，「活用語連体形」に後接する「-ノ +{-ナリ／-ヂャ}」という形（以下「のぢゃ」とする）が生まれることになる。しかしながら，近世前期の資料に見られる「のぢゃ」の例は多くない。(79)−(84) は，吉川（1950）に掲げられた例のうち，筆者が再認できたものである。

(79)　さりながら大旨かけあひのあるのな r《り》-i　（耳底記・2）

(80)　古今の前書に歌奉れと仰せられける時とあるのは，歌の手本に奉れとあるのな r《り》-i　（耳底記・2）

(81)　あるしは少もさはかすしてよく吟味あれは旧冬のすゝはきにたゝみをつみかさねて其上にて僕共の杉立したる足のうら天しやうへとゝきどろのつきたるのにてありしなり　（私可多咄・3・4）

(82)　是ハ山にて四五日もいぜんに，鹿としともぐいして死にたるのじや　（鹿野武左衛門口伝はなし・下・5）

(83)　なげくは死人の妨げになれば，いとをしひといへどもいとをしひでもなく，かはひといへどもかはひといふのでもなくて，親や子をにくむといふものじやわひの　（盤珪仏智弘済禅師御示聞書）

(84)　なげきますればあだになつて，死人をにくむといふもので，かわい

ひ，いとをしいといふのではなくて，死人のあだを出かしまするほどに　（盤珪仏智弘済禅師御示聞書）

これらのほか，近世前期の噺本には「のぢゃ」がいくらか現れる。次に，享保頃までに刊行された噺本から拾うことのできた例をすべて挙げてみる。(85)-(94) を見られたい。

(85)　さだめてこれが，侍衆のとらせらるゝ二人扶持といふのであ*r*《ら》-a ふといふた　（当世軽口咄揃・4・1）
(86)　おれがいふは，さらしたのじやといふた　（当世口まね笑・3・12）
(87)　こゝにあハれをとゞめしハ，秀利ふうふの人〻なりと，善光寺の道行をあそバしたるのじやといふた　（初音草噺大鑑・5・15）
(88)　あれハ犬が聞そこなふたのじや　（軽口御前男・4・5）
(89)　それハおれがさすのじやといわれた　（軽口あられ酒・1・9）
(90)　赤二の上に，ほていがあるのじや　（軽口あられ酒・5・7）
(91)　それハ貴様がしらぬものをはめるのじや　（軽口機嫌嚢・3・7）
(92)　何をつくのじやしらぬ　（軽口機嫌嚢・3・7）
(93)　それハうそつくのじや　（軽口機嫌嚢・3・7）
(94)　いつち聞へたのハ，大坂で夜ふねといふのじや　（軽口機嫌嚢・3・13）

さて，第5章注1でもふれたことであるが，現代語における「のだ」という形のなかには，消去したとき残りの部分が文として成り立たなくなるものと，依然として成り立つ（もちろん，非文にならないということであって，意味が変わらないわけではない）ものとがある。(95)(96) を見られたい。

(95) a．父はひとりで便所に行くとき転び，庭石に頭を打って死にましたが，あれは母が父を殺したのです。　（松本清張「新開地の事件」）
　b．……*あれは母が父を殺しました。

(96) a．あすこには私の友達の墓があるんです（夏目漱石「こころ」上5）

b．あすこには私の友達の墓があります。

これに対し，例えば典型的な節外（モダリティ）形式である -ダロウ（第2章3）は，そのまま文として成立しうる節に後接するから，-ダロウを消去しても常に文法的な文が残る。(97）を見られたい。

(97) a．太郎は来るだろう。

b．太郎は来る。

同様に，「のだ」が文法化した節外形式であるなら，それは消去できるはずである。したがって，(95a）の「のだ」のように消去すると非文が残るものは，節外形式ではないと見て，(96a）の「のだ」のようなものと区別すべきである。すなわち，前者は「準体助詞 -ノ＋叙法形式(「-だ」「-である」「-です」等。第2章3)」であり，(95a）における「のだ」の -ノは構文上「あれ」を受けているけれども[5)]，後者は説明の節外形式であって，(96a）における「のだ」の -ノは文中のどの名詞（句）とも対応しない。

上のような現代語の「のだ」についての分類基準を，先の（79)−(94）の「のぢゃ」に適用してみると，消去可能で節外形式と解されうる「のぢゃ」は，16例中（89)(90)(92）の3例であり，少ないことがわかる。あるいは，(79) は当時の格助詞 -ノ（「かけあひの」）が単文の主格を示しえたとすれば，それに加えられるかもしれないが，他の12例は，いずれも消去すると非文法的な語列が残るものと見られる。この事実から，近世前期語の「のぢゃ」は「準体助詞-ノ＋叙法形式」としての方が，節外形式としてよりも普通であったと推測される。

説明の節外形式 -ノダが勢力を拡大して，判断実践文においてしか用いられなかった -モノヂャを消滅させるのは，近世後期のことであろう。ただし，その過程を明らかにするためには，主として江戸語の資料によらなければならない（土屋1987)。

8. 第 10 章のまとめ

本章での考察をまとめると，(98)-(100) のとおりである。

(98)「連体なり」は中世以降，文に後接する形式としての -ナリ／-ヂャに変わった[6]。その後，当該の -ナリを含む「なら(ば)」の形は接続接語 -ナラ（バ）となり，他の一部は化石化して現代語に至っている。

(99) 現代語の -ノダは，「連体なり」と関わりなく，準体助詞 -ノが成立したのちに新しく生まれた形式である。近世前期語における「のぢゃ」という形の統語的機能の中心は，いまだ説明の節外形式ではなく，「準体助詞-ノ＋叙法形式」であった。

(100) 中世語の -モノヂャという形式のなかには，現代語の -ノダに相当すると見られるものがある。ただし，それらはすべて判断実践文において用いられており，近世後期以降 -ノダに交替していったと考えられる。

中世文語における「連体なり」の用法，叙法形式 -ラム＞-ラウが担っていた可能性のある説明の意味など，残された問題については今後の課題としたい。

注

1)「連体なり」とされる -指定ナリは，実際は「活用語連体形」に後接しているのではなく，名詞節（準体句）に後接している。例えば（1）の文の構造は（i）のように分析される。

（i）[④(コノ文章ハ)[③~~コノ文章ガ~~ [②[①男もすなる日記といふものを女もしてみむとてす]①命題る']②叙法(確言):名詞節 なr]③命題-i《り》]④叙法(確言)

（i）の「-る'」は，確言句接辞 -u（第 7 章 3.1）に対応する準体句接辞 -u'（/-u'/~/-る'/~/-き'/）の一異形態であり，確言という叙法を表す機能と名詞の機能とを併せもっている。なお，（ i ）の名詞節の命題「男もすなる……みむとてす-」は（ ii)–(iv）のように分析される。

（ ii ）　④[②[男も ①[~~男ガ~~ [~~男ガ 日記といふものヲ~~ す] な r]①命題 -u《る》(2)]②叙法(確言):名詞修飾節 ③[②[①[~~ものヲ~~ 日記と い F]①命題 -u《ふ》(2)]②叙法(確言):名詞修飾節 もの]③名詞節]④名詞節——A

（ iii ）　④[A を 女も ③[~~女ガ~~ ②[~~女ガ~~ ①[~~女ガ Aを~~ し]①命題 て]②叙法(保留):副詞節 (A ヲ) み]③命題 む]④叙法(概言)——B

（ iv ）　①[[B]引用文 とて（私ガ)(A ヲ) す]①命題

2)　推量判断実践文では -モノヂャアラウ／-モノデアラウという形も用いられていた。この形は近世を経て，現代語の書き言葉にも現れる（第 5 章注 2)。

（ i ）　はづかしさにとらぬものじやあらふ　（虎明本狂言・岩橋）

（ ii ）　あれもさだめて子細が有てまいつた物であらふ　（虎明本狂言・右流左止）

（ iii ）　米が欲しさに啼《な》かるるものであらう　（浮世物語・2・4）

（ iv ）　いかさま此の津はそちにあはぬものであらう（野白内証鑑・4・21）

（ v ）　病気とあらば是《ぜ》非《ひ》がない，小さい時からの虫が直らぬものであろ　（双蝶蝶曲輪日記・2）

（ vi ）　さてはくちに，こめてあるせんが，おくのほうへひつこんだものであろふ　（東海道中膝栗毛・6 上）

3)　田野村（1990b）に従えば，(46)(51）のような文は「認識・発見文」ということになるが，判断実践文のなかの一類として，「断定判断実践文」とでも呼ぶべきであろう。なお，同一の文が，置かれた文脈によって断定判断実践文となることも，知識表明文となることもあり，推量判断実践文と知識表明文との関係と同様である。例えば(51)の中の第 3 例と第 4 例は，作者が読者に向かって説明しているととれば知識表明文であるけれども，ここは語り手の独話と解釈する方がふさわしい。

4)　他方，(30b)(31b)(37)–(41）の主節は，すべて知識表明文である。

5)　もっとも，「のだ」が「準体助詞-ノ＋叙法形式」である場合も，-ノは「ガノ可変」（三上 1953:234）を保持していない。

（ i ）　あれは母 {が／*の} 父を殺したのだ。

上の点から，「のだ」の -ノの「準体」性が疑われるかもしれない。しかし，例えば「外の関係」（寺村 1993:196, 261）の連体修飾における底の名詞は，ガノ可変をしばしば失っている。

（ii）　女房の幽霊｛が／*の｝3年目に現れる話

（iii）　清少納言と紫式部｛が／*の｝会った事実

（iv）　誰か｛が／*の｝階段を降りてくる音

6）　-指定ナリ（／-ヂャ）が引用名詞類（山口2016）に後接しうるようになったとも解釈できよう。

参照文献

Fukuda, Yoshiichirō（2016）"Forms of Predicative Propositions in Early Middle Japanese: Japanese Morphology and Inflection," *ACTA ASIATICA*, 111, pp.35–51, The Tōhō Gakkai（The Institute of Eastern Culture）.

北原保雄（1966）「〈終止なり〉と〈連体なり〉：その分布と構造的意味」『国語と国文学』43（9），pp.55–71，東京大学。

北原保雄（1967）「「なり」の構造的意味」『国語学』68，pp.17–33，国語学会。

北原保雄（1976）「活用語を承接する「なり」の変容：覚一本平家物語の場合」佐伯梅友博士喜寿記念国語学論集刊行会（編）『佐伯梅友博士喜寿記念国語学論集』pp.399–425，表現社。

北原保雄（1981）『日本語助動詞の研究』大修館書店。

清瀬良一（1982）『天草版平家物語の基礎的研究』溪水社。

小林千草（1973）「中世口語における原因・理由を表わす条件句」『国語学』94，pp.16–44，国語学会。

小林賢次（1996）『日本語条件表現史の研究』ひつじ書房。

小金丸春美（1990）「ムードの「のだ」とスコープの「のだ」」『日本語学』9（3），pp.72–82，明治書院。

三上章（1953）『現代語法序説：シンタクスの試み』くろしお出版復刊（1999）。

南不二男（1974）『現代日本語の構造』大修館書店。

仁田義雄（1989）「現代日本語文のモダリティの体系と構造」仁田義雄；益岡隆志（編）『日本語のモダリティ』pp.1–56，くろしお出版。

信太知子（1970）「断定の助動詞の活用語承接について：連体形準体法の消滅を背景として」『国語学』82，pp.29–41，国語学会。

田野村忠温（1990a）『現代日本語の文法I 「のだ」の意味と用法』和泉書院。

田野村忠温（1990b）「文における判断をめぐって」崎山理；佐藤昭裕（編）『ア

ジアの諸言語と一般言語学』pp.785–795，三省堂。
寺村秀夫（1993）『寺村秀夫論文集Ⅰ　日本語文法編』くろしお出版。
土屋信一（1987）「浮世風呂・浮世床の「のだ」文」近代語学会（編）『近代語研究　第七集』pp.421–435，武蔵野書院。
山口治彦（2016）「直接引用しか許さない引用形式：引用名詞類の日英対照研究」福田嘉一郎；建石始（編）『名詞類の文法』pp.81–104，くろしお出版。
吉川泰雄（1950）「形式名詞「の」の成立」『日本文学教室』3，pp.29–38，日本文学懇話会。
湯沢幸吉郎（1929）『室町時代言語の研究』風間書房。

出典

土佐日記・曽根崎心中・丹波与作待夜の小室節・鑓の権三重帷子＝新編日本古典文学全集（小学館）
覚一本平家物語・昨日は今日の物語＝日本古典文学大系（岩波書店）
エソポのハブラス＝大塚光信；来田隆（編）(1999)『エソポのハブラス　本文と総索引　本文篇』清文堂出版
天草版平家物語＝亀井高孝；阪田雪子（翻字）(1980)『ハビヤン抄キリシタン版　平家物語』吉川弘文館
コリャード懺悔録＝大塚光信（1985）『コリャード　さんげろく私注』臨川書店
原刊捷解新語＝京都大学文学部国語学国文学研究室（編）(1972)『三本対照　捷解新語　本文篇』，京都大学文学部国語学国文学研究室（編）(1973)『三本対照　捷解新語　釈文・索引・解題篇』
虎明本狂言＝大塚光信（編）(2006)『大蔵虎明能狂言集　翻刻　註解　上・下』清文堂出版
鹿野武左衛門口伝はなし・当世軽口咄揃・当世口まね笑・初音草噺大鑑・軽口御前男・軽口あられ酒・軽口機嫌嚢＝噺本大系（東京堂出版）

補章　日本語のアスペクトとその歴史的変化

1. 動態動詞のアスペクト

1.1　アスペクトとは

言語が何らかの外的事態を描く場合，事態は一定の長さの時間（外的事態時）を占めている。言語が描く外的事態を，話者が実際に，または想定の中で観察する（外的事態についての直接情報を五感によって取得する）時のことを，観察可能時（POT：Possible Observation Time）と呼ぶことにする（第 1 章）。観察可能時は，外的事態時の一部に重なるか，または全部に重なる。外的事態を話者がどのような時間的立場から観察するかによって，体系的に異なる言語形式が選ばれるとき，対立するそれらの形式の文法的意味から成る文法カテゴリを指して，アスペクト（相）と呼ぶ。

現代日本語の文の主節におけるアスペクトは，動態動詞（語彙的に動きを表す動詞）に後接する対立的な句接辞（phrasal affix）である -テイル（/-てい-/）と零（/-φ-/）の意味から成る。-テイルを伴う形を既然相（「してい{た／る}」），伴わない形を完成相（「し-φ-た／す-φ-る」）と呼ぶ。-テイル以外のアスペクト形式として，-ツツアル（/-i つつあ r-/～/-つつあ r-/），一部の -テアル（/-てあ r-/，「責任者を呼 b《ん》-て《で》あ r《る》-u」）が挙げられるが，共起しうる動詞の少なさ，用法の狭さ（「*しつつない」），文体上の不自由さから見て，-テイルと対等に体系を組むものではない[1)]。

ちなみに，述語に伴われる対立的な句接辞である -タ（既然相・完成相に関わる異形態は /-た/ および /-i ました/～/-ました/）と -非タ（既然相・完成相に関わる異形態は /-u/～/-る/ および /-i ます/～/-ます/）の文法的意味が構成する文法カテゴリは，テンス（時制）と呼ばれる。基本的に，-タは述語が描く外的事態の観察可能時がある基準時より前（POT＜基準時）であることを示し，-非タは観察可能時が基準時と同時（基準時＝POT），または基準時より後（基準時<POT）であることを示す。基準時は，主節の述語の場合は通常，発話時（ST：Speech Time）である。

1.2　既然相と完成相

1.2.1　動態動詞の既然相（「してい{た／る}」）は，述語によって描かれる外的事態の一部のみが観察されることを示す（第1章3)。観察可能時は時間的な長さをもたない瞬間となり，外的事態は状態ととらえられる。

-テイルが表すのは，動きが開始した後の状態である[2)]。それが動きの終結前の状態なのか，終結後の状態なのかは，動詞がもつ語彙的意味と，文脈によって決まる。動詞が表す動きが語彙的に進行性を有する場合（(1)-(3)），-テイルは動きの終結前の状態（(1a)(2a)(3a)：進行中）を表すことも，終結後の状態（(1b)(2b)(3b, c)）を表すこともできる[3)]。他方，動詞が表す動きが語彙的に進行性を有しない場合（(4)-(6)），-テイルは動きの終結後の状態しか表しえない。進行性を有しない動きとは，生身の人間にとって，開始と終結との間に何らの現象も感知できない動きのことであり，その多くは，開始とほぼ同時に終結すると感じられる動きに該当する[4)]。動きの終結後の状態は，あらゆる動態動詞に後接した-テイルが表しうる。そして，終結後の状態が〔変化の結果〕と解釈されるか〔履歴〕と解釈されるかは，動きの参与者が状態変化を伴う（(3b, c)(4)(5)）か，伴わない（(1b)(2b)(6)：履歴）か，伴う場合は文脈上，その変化[5)]の直接的な結果が観察可能時において存在する（(3b)(4a)(5)：変化の結果）か，存在しない（(3c)(4b)：履歴）かによって決定する。

(1) a．彼はビデオを見てい{た／る}。〔有進行性・終結前〕
　　b．私はそのビデオを前に見てい{た／る}。〔有進行性・終結後〕
(2) a．若い娘が鐘を叩k《い》-てい{た／る}[6)]。〔有進行性・終結前〕
　　b．私はその鐘を前に叩k《い》-てい{た／る}。〔有進行性・終結後〕
(3) a．彼女は隣の部屋で着物を着てい{た／る}。〔有進行性・終結前〕

b．彼女はきれいな着物を着てい｛た／る｝。〔有進行性・終結後〕

c．私はその着物を前に着てい｛た／る｝。〔有進行性・終結後〕

（4）a．その金魚は死n《ん》-て《で》い｛た／る｝。〔無進行性・終結後〕

b．葛西善蔵は｛大恐慌の年には死n《ん》-て《で》いたことになる／昭和3年7月に死n《ん》-て《で》いる｝。〔無進行性・終結後〕

（5）　彼女はやせてい｛た／る｝。〔無進行性・終結後〕

（6）　朝青龍は｛出場停止処分を受けたとき，既に21回優勝していた／25回優勝している｝。〔無進行性・終結後〕

（1）-（6）の-テイルが表す意味について整理すると，表1のようになる。

表1　既然相句接辞-テイルの意味

<table>
<tr><th rowspan="3">文脈＼動詞の語彙的意味</th><th rowspan="3">動きの終結前</th><th colspan="3">動きの終結後</th></tr>
<tr><th colspan="2">動きの参与者が状態変化を伴う</th><th rowspan="2">動きの参与者が状態変化を伴わない</th></tr>
<tr><th>変化の直接的な結果が観察可能時において存在する</th><th>変化の直接的な結果が観察可能時において存在しない</th></tr>
<tr><td>動きが進行性を有する</td><td>(1a)(2a)(3a)
〔進行中〕</td><td>(3b)</td><td>(3c)</td><td>(1b)(2b)</td></tr>
<tr><td>動きが進行性を有しない</td><td>——</td><td>(4a)(5)
〔変化の結果〕</td><td colspan="2">(4b)　(6)
〔履歴〕</td></tr>
</table>

1.2.2　動態動詞の完成相（「し-φ-た／す-φ-る」）は，述語によって描かれる外的事態の全部が観察されることを示す（第1章4）。観察可能時は時間的な長さをもった期間となり，外的事態は運動ととらえられる。

動的述語（完成相を核とする）が描く外的事態が，動きに参与するものの状態の変化を伴う場合，当該事態についての直接情報は，変化の前の場面と後の場面とを含む。動的述語が描く外的事態が，動きに参与するものの状態の変化を伴わない場合，当該事態についての直接情報は，原則として，当該事態の開始から終結までの過程におけるすべての場面を含む。

1.3　既然相と完成相の用法

1.3.1　発話時は通常，時間軸の上を過去から未来へと移動し続ける瞬間ととらえられる。動的述語が描く外的事態の観察可能時は期間であるため，時間軸上を移動し続ける瞬間である発話時とは一致しえない（すなわち発話時と同時になることはない）。その結果，完成相が -非タを伴うとき（「す-φ-る」），観察可能時は通常，発話時より後（ST＜POT）となる。発話時と観察可能時とが同時（ST＝POT）である場合は通常，描かれる外的事態の観察可能時が瞬間である既然相が，-非タを伴って（「している」）使われる。

（7）｛市長／私｝は目黒のホテルに泊まr-φ-u《る》。〔完成相，ST＜POT〕
（8）市長はまもなく到着し-φ-ます。〔完成相，ST＜POT〕
（9）a．?公園の中を犬が歩k-φ-u《く》。〔?完成相〕
　　b．公園の中を犬が歩k《い》-ている。〔既然相（終結前），ST＝POT〕

ただし，発話にも物理的な時間がいくらかはかかるため，動的述語が描く外的事態の観察可能時がごく短い場合，発話時と同時になることがある（第1章注19）。描かれる外的事態が，実況報道される話者の眼前の動作，いわゆる発語内行為などである場合がそれに該当する（(10)(11) の動詞はいずれも完成相，ST＝POT の例）。

(10)　打球はぐんぐん伸び-φ-る。センターバックす-φ-る。
(11)　我々は正々堂々と戦うことを誓w-φ-i《い》ます。

1.3.2　通常の対話においては，述語が描く外的事態の観察可能時が発話時より前（POT＜ST）または発話時と同時（ST＝POT）で，述語の叙法（第2章3）が確言（外的事態を描き取った命題を話者が真と認める述べ方）である場合，話者は当該事態を実際に観察していなければならない（第2章4）。

話者が，描こうとする外的事態（動きの参与者の状態変化を伴う）の生起前後の状態，または外的事態（動きの参与者の状態変化を伴わない）の全過程を観察していないなら，運動を表す完成相（「し-φ-た」）を使うことはできず，動きの開始後の状態を表す既然相（「してい｛た／る｝」）が使われる。

(12) a．娘はこの着物を成人式の時に着-φ-た。〔完成相，POT＜ST〕
　b．?篤姫はこの着物を婚礼の時に着-φ-た。〔?完成相〕
　c．篤姫はこの着物を婚礼の時に着ている。〔既然相（終結後），ST＝POT〕
(13) a．朝青龍は平成 20 年の三月場所で優勝し-φ-た。〔完成相，POT＜ST〕
　b．?谷風は天明 6 年の三月場所で優勝し-φ-た。〔?完成相〕
　c．谷風は天明 6 年の三月場所で優勝している。〔既然相（終結後），ST＝POT〕
(14) a．私はその TV ドラマを見-φ-た。〔完成相，POT＜ST〕
　b．?彼はその TV ドラマを見-φ-た。〔?完成相〕
　c．彼はその TV ドラマを見ていた。〔既然相（終結前），POT＜ST〕
　d．彼は私と一緒にその TV ドラマを見-φ-た。〔完成相，POT＜ST〕
　e．彼は私の顔を見-φ-た。〔完成相，POT＜ST〕

述語の叙法が概言（話者が命題を真と認めない述べ方）である場合は，述語が描く外的事態を話者が実際に観察していなくてもよいため，完成相の使用について上のような制約がない((15)-(17)の動詞はいずれも完成相，POT＜ST の例。波線部は概言を表すモダリティ〈叙法類〉形式)。

(15)　篤姫はこの着物を婚礼の時に着-φ-たかもしれない。
(16)　谷風は天明 6 年の三月場所で優勝し-φ-たらしい。
(17)　彼はその TV ドラマを見-φ-ただろう。

ズバ抜ケル，アリフレル，馬鹿ゲルなどの動詞は，主格語の状態変化を伴う外的事態を描くためのものではあるけれども，当該事態が生起する前の状態を観察することは想定できない。したがって，これらの動詞の完成相が実際に使われることはなく，常に既然相が使われる。

1.4　非特定の外的事態群

1.4.1　1.2および1.3では述語が個別・特定の外的事態を描く場合について見たが，述語が非特定の外的事態群を描く場合もある（第1章注6）。後者の場合，外的事態の観察可能時も非特定の時となる。この場合，動態動詞の完成相は習慣的な運動を表し，既然相は習慣的な状態を表す。また，テンスの基準時は，通常のような時間軸上を移動し続ける瞬間すなわち発話時ではなく（「現在」という語が -非タと共起困難），発話時の前後にある程度広がった期間ととらえられる。そのため，動的述語が描く外的事態群の観察可能時は基準時の中に収まりうる（すなわち基準時と同時でありうる）。基本的に，-非タを伴う完成相が習慣的な運動を表すとき，描かれる外的事態群の観察可能時は基準時と同時である[7]。

(18)　父は毎朝ジョギングを ｛し-φ-た／す-φ-る｝。〔習慣的完成相〕

(19)　父はいつも朝6時前に起き-φ- ｛た／る｝。〔習慣的完成相〕

(20)　｛変なにおい／妙な味／嫌な予感｝ がす-φ-る。〔習慣的完成相〕

(21) a．彼は成功すると思 w-φ《う》-u。〔習慣的完成相〕

　　b．私はそう考え-φ-る。〔習慣的完成相〕

(22)　日曜日には家にいて，油絵を描 k《い》-てい ｛た／る｝。〔習慣的既然相（終結前）〕

(23)　午後5時にはたいていその会議は終わ r《つ》-てい ｛た／る｝。〔習慣的既然相（終結後）〕

話者が実際に観察したのが特定の外的事態であるにもかかわらず，特定できない同種の事態が習慣的に生起するものととらえて，-非タを伴う完成相を使う場合がある。

（24）　きのう部長と飲んだんだけど，あの人はよく飲 m-φ《む》-u ね。

（25）　電灯がついた。ちゃんとつ k-φ《く》-u じゃないか。

1.4.2　さらに，話者が，描こうとする非特定の外的事態群を，反復する動きの集合ととらえる場合もある。この場合，述語は集合全体を個別・特定の外的事態として描くことになり，既然相は通常，集合的な動きの終結前の状態を表す（全称的反復相）。これは，動詞が表す動きが語彙的に進行性を有するか否かに関わらない。

（26）　私は｛その頃毎日 10km 走 r《っ》-ていた／この頃毎日 10km 走 r《っ》-ている｝。

（27）a．父は｛当時朝 6 時前に起きていた／最近朝 6 時前に起きている｝。
　　　b．アフリカでは毎日多くの人が食糧不足のために死 n《ん》-て《で》い｛た／る｝。

2.　日本語アスペクトの研究史における寺村（1984）

2.1　アスペクト研究史の概略

2.1.1　戦後の日本語アスペクトの研究は金田一（1950）に始まる。金田一（1950）は，動詞が -テイルを伴うことがあるかないか，ある場合はそれを伴うとき通常どのような意味になるかによって，動詞を次の 4 種に分類した。すなわち，状態を表し，-テイルを伴うことがない「状態動詞」（有ル，居ル，要ル等），ある時間引き続いて行われる動作・作用を表し，-テイルを伴うと動作・作用が進行中であることを表す「継続動詞」（本章（1a）（2a）），瞬間のうちに終わってしまう動作・作用を表し，-テイルを伴うと動作・作用の終わった結果が残存していることを表す「瞬間動詞」（本章（4a）），ある状態を帯びることを表し，常に -テイルを伴う「第四種動詞」（「ずば抜けている」「ありふれている」「馬鹿げている」等）である。

2.1.2 布村（1977）は，「する」と「している」との形態の対立が動詞のアスペクトの体系を成しているとして，「する」を「完成相」，「している」を「継続相」と呼んだ。以下布村（1977）によれば，「完成相」の意味は「《分割をゆるさないglobalityのなかに動作をさしだす》こと」（p.61）である（本章（7）（8））。これに対する「継続相」の意味は「継続のなかの動作」で，そこには①「動作の継続」と②「変化の結果の継続」とが認められる。金田一（1950）の言う「継続動詞」にあたるのは，「主体の動作」を表す動詞（「継続相」が①の意味を実現するもの）であり，同じく「瞬間動詞」にあたるのは，「主体の変化」を表す動詞（「継続相」が②の意味を実現するもの）であって，両者の違いは動作の長さによるのではない（例えば本章（5）も②に該当）。また，金田一（1950）の言う「状態動詞」「第四種動詞」にはアスペクトが欠けていることになる。

2.1.3 工藤（1989）は，先行研究に従って，動きを表す動詞のテンス・アスペクト体系を表2のようにとらえることから出発する。

表2　工藤（1989:54）より

アスペクト＼テンス	完成相	持続相
非過去	スル	シテイル
過去	シタ	シテイタ

そして，「持続相」の基本的意味を「持続性」，「完成相」の基本的意味を「ひとまとまり性」としながらも，一部の「持続相非過去・過去」（本章（1b）（2b）（3c）（4b）（6））および一部の「完成相過去」（「もう中国に<u>行きました</u>か」）は，「ある設定された時点において，それよりも前に実現した運動がひきつづき関わり，効力を持っていること」（工藤1989:67）の意味を表していると規定し，その意味を「パーフェクト」と呼んだ。「パーフェクト」を表す「した」のテンスは現在（「設定時点」が発話時と同時）である。

2.2　寺村（1984）の先進性と問題点

2.2.1　寺村（1984）は，-テイルの中心的・一般的意味を，「既然の結果が現在存在していること」「あることが実現して，それが終わってしまわず，その結果が何らかの形で現在に存在している(残っている)」(p.127）ということであるとした。それについて，「動詞が「(赤ン坊ガ)泣ク」「(モチヲ)ツク」「(雪ガ)降ル」「(鐘ガ)鳴ル」のように，本来時間的な幅をもつ動作，現象を表わすものであるとき，その〜テイルは，その動作，現象が始まって，終わらずに今存在している，つまり開始の結果が今もある，という意味をもつのがふつうである」「「死ヌ」「(祭リガ)始マル／終ワル」「落チル」のような，ふつう瞬間動詞とされるもの，つまり本来，始まると同時に終わるような現象を表わす動詞の場合，〜テイルは，(当然）その現象が既に実現した，つまり終わってしまったが，その結果（痕跡）が物理的あるいは心理的に，現在存在するということを表わす」「〜テイルという形は，現在五官で(典型的には視覚で)捉えた事態を，現在より以前のいつかに実現したことと結びつけて理解するところから生まれる表現の形である」(寺村 1984:127-128，下点も寺村）と説明している。また，本章（1b)(2b)(3c)(4b)(６）のような既然相（寺村 1984 は「回顧的」とする）についても，「〜テイルの既然の結果の存在という中心的意味が，文脈の支えによって，現在のある事態を，過去のある既然(完了)の事象と結びつける表現として理解される」(p.133）場合の一つととらえている。

動態動詞の既然相が〔進行中〕を表すか，〔変化の結果〕を表すか，〔履歴〕を表すかは，1.2.1 で述べたように，動詞がもつ語彙的意味と文脈によって決まる。工藤（1989）の言う「パーフェクト」(〔履歴〕に相当）も，観察可能時における状態の一種である。既然相を動きの開始後の状態を表す形と一般化するとき，寺村（1984）には先進性があったといえる。

2.2.2　寺村（1984:98-99，114-122）は，動きを表す動詞の「基本形」(「する」）と「過去形」(「した」）との対立には，テンスの対立の側面と，アスペクトの対立の側面とがあるとしている。以下寺村（1984）によれば，それがテンスの対立である場合,「する」は「未来の確定的な事象」を表し（本章（7）),「した」は「過去の事実」を表す。他方，アスペクトの対立である場合,「する」は「未然」を表し（本章（8)),「した」は「既然」を表す。「既然」とは,「ある時点において，ある(幅をもつ)事態が既に実現した，ということを表わすこと」(寺村 1984:120）である。そして，文の主節の「した」が，現在から切り離された「過去」を表しているのか,「現在における既然」を表しているのかは，文脈によって聞き手に判断され，特に「問答で，答が否定の場合にその違いが顕在化する」(寺村 1984:120）という。

(28)　――勝負はついたか？
　a．――勝負はつかなかった。〔「ついた」を「過去」と判断〕
　b．――勝負はまだ｛ついていない／つかない｝。〔「ついた」を「既然」と判断〕

寺村（1984）のこの説は，工藤（1989）など，多くの方面に影響を与えてきたが，井上（2003）などの批判にもあるように，問題点もかかえている。例えば,「しな-」が描く否定的な外的事態が発話時以前に観察されなかったなら,「しなかった」という答え方はどのような場合も不自然である。

(29)　――市長は目黒のホテルに泊まりましたか？
　――?泊まらなかった／泊まっていない。出張は中止になった。

3. 中古日本語のアスペクト

3.1　伝統的研究と中古語のアスペクト

伝統的国文法では，中古語における「助動詞」の「ぬ」「つ」は「完了(…てしまう，…〈てしまっ〉た)」「強意(きっと…する〈だろう〉)」を表すとされる。アスペクトに関わる研究としては,「ぬ」と「つ」の意味および互いの相違点について，あるいはそれぞれの語に前接する品詞の種類の相違について論じたものが主である。山田（1908:390ff.）は，「ぬ」「つ」ともに「確述」（「陳述」を確かめる）を表すもので，「ぬ」は事態を傍観的に説明し，「つ」は事態を直写的に説明するとしている。また，中西（1957）は，「ぬ」は状態発生的変化を意味する動詞（「成る」に代表される）に後接して状態の発生を表し，「つ」は完了的動作を意味する動詞（「成す」に代表される）に後接して動作の完了を表すとしている。

筆者の見解では，中古語のアスペクトは命題句接辞 -ヌ・-ツ・-結果タリ・-リの意味，および零（/-φ-/）の意味により構成される。すなわち，-ヌあるいは -ツを伴う変化相，-結果タリあるいは -リを伴う結果相，それらの形式を伴わない中立相が，述語命題形式[8)]の形として体系的に対立している。

3.2　変化相

述語命題形式が命題句接辞 -ヌあるいは -ツを伴う形を変化相と呼ぶ。-ヌと -ツはともに，動きまたは状態の生起によって状況が変化することを表す形式と推定される。変化した後の状況の発生が，動きまたは状態の開始に伴う場合は -ヌが用いられ，動きまたは状態の終結に伴う場合は -ツが用いられる。述語命題形式の変化相は，述語によって描かれる外的事態の開始部または終結部が観察されることを示す。いずれの場合も，観察可能時は時間的な長さをもった期間となり，外的事態は運動ととらえられるものと見られる。

句接辞 {-ヌ: /-in-/～/-i ぬ-/～/-n-/～/-ぬ-/～/-かり n-/～/-かり ぬ-/} および {-ツ: /-i て-/～/-i つ-/～/-て-/～/-つ-/～/-かりつ-/} の異形態は，次頁の表3および表4のように分布する。

(30)　殿は粟田山《あはたやま》越えたま F-*i* ぬ-φ〔殿は粟田山をお越えになった（もう道を空けさせなければならない)〕（＝第7章（11））

（源氏物語・関屋）

(31)　この君をいかにしきこえぬる'にか[9)]〔この君をどんな目にお会わせするつもりなのだろうか〕　（源氏物語・紅葉賀）

(32)　おのづから，若宮など生《お》ひ出《い》でたまはば，さるべきついでもあ r《り》-*i*-

表 3 変化相句接辞 -ヌの異形態

後接語条件 前接語条件	(I) 右欄以外の句接辞の,「ナ変」型前接語に応じた異形態	(II) -メリ・-推定ナリ・-ベシ・-u・-ラム・-トモの,「ナ変」型前接語に応じた異形態
末尾が子音の述語命題形式, 特殊型除く	/-in-/	/-i ぬ-/
末尾が母音 /i/; / e / の動詞型命題形式,「サ変」型は /-し-/	/-n-/	/-ぬ-/
形容詞	/-かり n-/	/-かりぬ-/

表 4 変化相句接辞-ツの異形態

後接語条件 前接語条件	(I) 右欄以外の句接辞の,「二段」型前接語に応じた異形態	(II) -メリ・-推定ナリ・-ベシ・-u・-ラム・-トモの,「二段」型前接語に応じた異形態
末尾が子音の述語命題形式, 特殊型は /-r-/	/-i て-/	/-i つ-/
末尾が母音 /i/; /e/ の動詞型命題形式,「サ変」型は /-し-/	/-て-/	/-つ-/
形容詞型命題形式	——	/-かりつ-/

n《な》-a む(1)〔いずれ若宮が成長なさりなどすれば, しかるべき機会もあるだろう〕　(源氏物語・桐壺)

(33)　事のありさまはくはしくとり申 s-*i*《し》つ-φ〔事情は詳しく申し上げた(今は聞き手が事情を知っている)〕(＝第 7 章 (12))
(源氏物語・夢浮橋)

(34)　はてはいかにしつる(2)ぞ〔しまいにはどうするのか〕(＝第 7 章(14))
(源氏物語・若菜下)

(35)　いと難《かた》きことなりとも, わが言はんことはたばか r-*i*《り》てむ(1)や〔たいへん難しいことであっても, 私が言うことなら工夫してくれるだろうか〕　(源氏物語・浮舟)

(36)　かう心憂《う》ければこそ，今宵《こよひ》の風にもあくがれ-*n*-a《な》まほしくはべ r-*i*-《り》つれ〔このように情けないので，昨夜の風と一緒に飛んでいってしまいとうございました（今は風がやんでどうしようもない）〕

（源氏物語・野分）

-ヌ，-ツに前接する述語命題形式は，動きを表すもの（(30)(31)(33)–(35)；(36)「あくがれ-」）であるか，状態を表すもの（(32)；(36)「あくがれなまほしくはべ r-」）であるかを問わない。状況の変化が動きまたは状態の開始に伴うととらえられるか，終結に伴うととらえられるかは，前接命題形式がもつ語彙的意味によって決まる傾向がある。前接形式が，語彙的に進行性を有しない動きを表すと見られる動詞（(36) アクガル，落ツ，果ツ，別ル，失ス，暮ル，潰ル，過グ等の自動詞）である場合は，-ヌが用いられる。他方，前接形式が状態を表す場合は，述語によって描かれる外的事態の時が発話時以前なら -ツが用いられ（(36)，「あ r-*i*《り》つらむ」），発話時以後なら -ヌが用いられる（(32)，「あ r-*i*《り》ぬべし」）。また，命題句接辞 -サスの後では -ツが用いられ，受身を表す命題句接辞 -ラルの後では，ほとんどの場合 -ヌが用いられる。なお，命題句接辞 -ハベリと叙法句接辞 -ケリの間では，(37) のように -ヌが用いられる。

(37)　〔薫〕「その返り事は，いかやうにしてか出だしつる」，〔随身〕「それは見たまへず。異方《ことかた》より出だ s-i《し》はべ r-*in*-i《りに》ける〔別の所から出したとのことです（その後返事は兵部卿宮のもとに届いたと思われる）〕〔略〕」

（源氏物語・浮舟）

3.3　結果相

述語命題形式が命題句接辞 -結果タリあるいは -リを伴う形を結果相と呼ぶ。-結果タリ，-リは，動きが終結して，その結果が目に見える姿で存在することを表す形式である。述語命題形式の結果相は，述語によって描かれる，結果の存在という外的事態の一部のみが観察されることを示す。観察可能時は時間的な長さをもたない瞬間となり，外的事態は状態ととらえられる。

句接辞 {-結果タリ: /-i た r-/~/-た r-/} および {-リ: /-er-/~/-r-/} の異形態は，表5および表6のように分布する。

表5　結果相句接辞 -タリの異形態

前接語条件	
末尾が子音の述語命題形式，特殊型除く	/-i た r-/
末尾が母音 /i/; /e/ の動詞型命題形式，「サ変」型は /-し-/	/-た r-/

表6　結果相句接辞 -リの異形態

前接語条件	
「四段」型命題形式	/-er-/
「サ変」型動詞 /-せ-/	/-r-/

(38)　ここにぞ臥s《し》-*i* た *r*《る》-u(2)〔ここに臥せっている〕　(源氏物語・帚木)

(39)　宮の御ありさまよりもまさ r《り》-i たま F-*er*-u《へる》(2)かな〔父宮のお姿よりも優っていらっしゃるなあ〕　(源氏物語・若紫)

-結果タリが -ヌあるいは -ツと併せて用いられると，述語命題形式の変化結果相（動きの開始に伴って生じた状況変化の結果が存在する）あるいは結果変化相（動きが終結した結果の存在の開始，あるいは終結に伴って状況が変化する）をつくる。

(40)　この御殿《との》あつかひにわび-*n*《に》-*i* てはべ *r*《り》-i[10]〔この雛の御殿は，扱いに困り果てています〕〔変化結果相〕　(源氏物語・野分)

(41)　かの家にも隠ろへては据ゑた *r*《り》-*i* ぬべけれど〔あの邸に人目につかぬように住まわせておくこともできそうではあるが〕，しか隠ろへたらむをいとほしと思ひて，かくあつかふに〔結果変化相〕

(源氏物語・東屋)

(42)　伏籠《ふせご》の中《うち》に籠《こ》めた *r*《り》-*i* つる(2)ものを〔(雀の子を）伏籠の中に入れてあったのに（今はいない)〕〔結果変化相〕　(源氏物語・若紫)

3.4　中立相

-ヌ，-ツ，-結果タリ，-リらの形式を伴わない述語命題形式は，変化相でも結果相でもないアスペクトの形，すなわち中立相となる。述語命題形式の中立相（非変化非結果相）は，述語によって描かれる外的事態の全部が観察されるか，または，外的事態（動きの終結後でない）の一部のみが観察されることを示す。それと並行して，観察可能時は時間的な長さをもった期間となるか，または，時間的な長さをもたない瞬間となる。前者の場合，外的事態は運動ととらえられ（(43)−(46)），後者の場合，外的事態は状態ととらえられる（(47)(48)）。さらに，前者の述語は個別性を離れた非特定の外的事態群を描く（(49)）場合もある。

(43)　いかなる行《い》き触《ぶ》れにかからせたまF-φ《ふ》-u$_{(2)}$ぞや〔どのような穢れにご遭遇なさったのか〕（＝第７章（５））　（源氏物語・夕顔）

(44)　この上《かみ》の聖《ひじり》の方《かた》に，源氏の中将の，瘧病《わらはやみ》まじなひにものしたまひけるを，ただ今なむ聞きつけはべr-φ《る》-u$_{(2)}$〔ここの上の聖の坊に，源氏の中将が瘧病のまじないにいらしたというのを，たったいま聞きつけました〕（＝第７章（６））　（源氏物語・若紫）

(45)　今日なむ参r-i《り》はべr-φ《る》-u$_{(2)}$〔今日参上します〕（＝第７章（９））　（源氏物語・葵）

(46)　烏《からす》などもこそ見つく-φ-れ〔烏などが見つける（といけない）〕　（源氏物語・若紫）

(47)　もし尋ね来る人もやあr-φ《る》-u$_{(2)}$〔もしや捜しに来る人がいるのではないか〕　（源氏物語・手習）

(48)　おほやけの御近き衛《まも》りを，私《わたくし》の随身《ずいじん》に領《りやう》ぜむと争F-i《ひ》たまF-φ《ふ》-u$_{(2)}$よ〔帝にお近い警護の人を，自分一人の随身にしようと争いなさっていることよ〕（＝第７章（８））　（源氏物語・横笛）

(49)　まうとは，何しにここにはたびたびは参r-φ《る》-u$_{(2)}$ぞ〔あなたは何のためにたびたびここに来るのか〕（＝第７章（７））　（源氏物語・浮舟）

(43)−(46) は現代語における動態動詞の完成相に，(48) は既然相（終結前）に，(49) は習慣的完成相に，それぞれ相当する。

4. アスペクト -テンス体系の変遷

4.1 アスペクト形式 -結果タリのテンス形式化

中古日本語における概言の叙法形式には，対立的な句接辞 -ム（未来）・-ラム（現在）・-ケム（過去）らの意味から成るテンスがあった（第 7 章 3.3）。しかしながら，確言の叙法形式は句接辞 -u のみで，テンスを持たなかった（第 7 章 3.1）。回顧の叙法句接辞 -キ・-ケリは，描かれる外的事態の観察可能時が過去であることを表したが，テンスの形式とはいえない（第 7 章 3.2）。

-結果タリは元来，動きが終結してその結果が存在することを表す形式であった（3.3）。しかし，平安時代のテクストにおいて既に，結果の存在を含意しつつ，観察可能時が発話時以前であることを表しているとも解釈できる -結果タリの例が多く見られる。

(50) いみじううつくしきもの得た*r*《り》-i〔たいそうかわいらしい子を得た（その子は眼前にいる）〕 （源氏物語・薄雲）

-結果タリ（具体的には「*-i* た*r*《る》-u(2)」「-た*r*《る》-u(2)」の形）が変化した -タという形式の確例は，鎌倉時代から現れる。

(51) 橋をひk《い》-たぞ〔橋板を外してあるぞ〕，あやまちすな （平家物語・4）

中古語において，静態述詞（常に静的述語の核となる静態動詞，形容詞など）に -結果タリは後接しなかったが，室町時代にはそれらの述詞に -タが後接しうるようになる。

(52)　本国テハワルカツタカ別ノ所ヘイツテヨカツタ事ソ　（史記抄・11）
(53)　ムネカワルウテ嘔吐シテヘトヲツキヲ r《ッ》-タソ　（四河入海・25-3）

(52)(53) は，観察可能時が発話時以前であることを表す -タの確例といえる。一方で，中世末期の口語においても，動詞に後接した -タは結果の存在を表しえた（福嶋 2002）。

(54)　まづその方は何事を知 r《っ》-たぞ〔そもそもおまえは何を知っているのだ〕　（エソポのハブラス，p.414）
(55)　それ左の手があ k《い》-たハ〔ほら左手が空いているぞ〕　（虎明本狂言・昆布売）
(56)　其れにつき年寄った母を持 t《ち》-*i* まるしたに〔…年取った母をもっておりますが〕　（原刊捷解新語・8・23 ウ）

江戸時代には，文法化した「-テ＋存在動詞（アル，イル，オル等）」が，(51)(54)-(56) のような -タが表していた結果の存在の意味を担う形式となった（金水 2006）。

(57)　おれがそれも知 r《つ》-てゐる　（曽根崎心中・生玉の場）
(58)　戸の明 k《い》-てあ *r*《る》-u からはと〔戸が開いているからにはと〕，しかも念入れ回《まは》るところ　（薩摩歌・上）
(56')　それにつき年寄った母をもち〔ママ〕ていまするが[11)]
(重刊本に対応個所なし）　（改修捷解新語・8・35）

-タが静態述詞にも後接しうるようになり，結果の存在の意味を主に「-テ＋存在動詞」が表すようになって，確言の叙法形式は句接辞 -タか -非タか（観察可能時が発話時に対して以前か非以前か）で対立するように，すなわちテンスを持つように変わった（第 2 章 3）。テンスと関係のない -タの意味は，現代語においても名詞修飾（連体）用法に残っている（「よく知 r《っ》-た顔」「空《あ》-

k《い》-た場所がない」「傘を持t《つ》-た男」)。

4.2 -テイルのアスペクト形式化

中世末期の口語においては，動詞の中立相が，現代語の動態動詞の既然相（終結前）に相当する意味を表しえた（福嶋 2004)。

(59) その時エソポ〔略〕もの言ふことも叶はいで，顔うち赤めてとちめ-k《く》-φ-u によって〔…慌てているので〕　（エソポのハブラス，p.411）
(60) 誠にな k《く》-φ-u かと思ふたれハ，そばに水ををひて目へぬ r《る》-φ-u〔本当に泣いているのかと思ったら，そばに水を置いて目に塗っている〕　（虎明本狂言・墨塗）
(61) 先度の中戻り船の便に，二番特送が豊崎に日和を待 t《つ》-φ-u と〔…豊崎で好天を待っていると〕申し来た程に　（原刊捷解新語・1・8）
(62) 江戸より信使の問安に，歴々の侍二人，三島まで《〔ママ〕》待 t《つ》-φ-u と〔…三島まで（来て）待っていると〕申す程に　（原刊捷解新語・7・9ウ）

江戸時代に入ると，「-テ＋存在動詞」の形がほぼ文法化し，(59)–(62) の例が有していた〔進行中〕の意味を表すようになった。

(63) わしや一日泣 k《い》-てゐた　（卯月紅葉・上・神子町の場）
(61') a．先頃の中戻り船の便に，二特送使が豊崎に日和を待 t《つ》-てお r《る》-u と申して参ったゆえ　（改修捷解新語・1・11ウ）
b．（改修本と全同）　（重刊捷解新語・1・10）
(62') a．江戸より信使へ問安として，歴々の侍二人，三島まで参って待 t《つ》--ていられまするると申しまするほどに　（改修捷解新語・7・14）
b．江戸ゟ信使様ぇ為問安と，暦《〔ママ〕》〻の御方両人，三島迄参て待 t《つ》-て被居まするると申まする程に　（重刊捷解新語・7・7）

このように，「-テ＋存在動詞」が，結果の存在に加えて〔進行中〕の意味をも表すようになったことで，動態動詞が -テイルを伴う（既然相）か伴わない（完成相）かにより対立するという，現代日本語のアスペクト体系が成立した。

注

1）この点で筆者は副島（2007）と見解を異にする。

2）田窪行則氏の談話に基づくが，その正確な内容と，どのような場での発言であったかは思い出すことができない。

3）ただし，動態動詞が表す動きが語彙的に進行性を有していても，その動きが語彙的に終了限界をもたず，かつ文脈において数量的に終了限界を付与されている場合，既然相は動きの終結後の状態（履歴）しか表しえない。

（ｉ）私は 1km 歩 k《い》-てい {た／る}。

（ii）私はその鐘を 2 回叩 k《い》-てい {た／る}。

4）痩セル（(５)），太ル，({髭／黴} ガ) 生エル，({髪／爪／背／枝} ガ) 伸ビル，枯レル等が表す動きは逆に，遅すぎるために進行性を有しない。

5）問題になる状態変化は基本的に動きの主体の変化であるが，動きの対象の変化である例も認められる。

（ｉ）署長は例によって上着をぬいで，ぬらしたタオルを机のうえにお k《い》-ていた。（須田 2010:31）

6）叩ク，（雪ガ）降ル，（鐘ガカンカン）鳴ル等の既然相が動きの終結前の状態を表す場合，語彙的反復相となる。

7）観察可能時が基準時（＝発話時）以後の場合もある。

（ｉ）彼は来年はときどきここに来-φ-る（だろう）。〔習慣的完成相，ST<POT〕

8）中古語の命題形式および叙法形式については，第 7 章 2 を参照されたい。

9）「-る'」については，第 10 章注 1 を参照されたい。

10）-テハベリ（/-i てはべ r-/~/-てはべ r-/）は -結果タリの丁寧体にあたる。

11）捷解新語の日本語の改修は，動詞のアスペクト表現の変遷を描き出している場合がある（福田 2004）。

参照文献

福田嘉一郎（2004）「朝鮮資料と文法史」『日本語学』23（12），pp.114–122，明治書院。

福嶋健伸（2002）「中世末期日本語の〜タについて：終止法で状態を表している場合を中心に」『国語国文』71（８），pp.33–49，京都大学。

福嶋健伸（2004）「中世末期日本語の〜テイル・〜テアルと動詞基本形」『国語と国文学』81（2），pp.47–59，東京大学。

井上優（2003）「パーフェクトの「（モウ）シタ」について」井上優（代表）『時間表現・空間表現の意味の構造化に関する日本語と中国語の対照研究』pp.19–34，日本学術振興会平成13–14年度科学研究費補助金（課題番号：13610676）研究成果報告書。

金田一春彦（1950）「国語動詞の一分類」『言語研究』15，pp.48–63，日本言語学会。

金水敏（2006）「日本語アスペクトの歴史的研究」『日本語文法』6（２），pp.33–44，日本語文法学会。

工藤真由美（1989）「現代日本語のパーフェクトをめぐって」言語学研究会（編）『ことばの科学　3』pp.53–118，むぎ書房。

中西宇一（1957）「発生と完了：「ぬ」と「つ」」『国語国文』26（８），pp.1–17，京都大学。

布村政雄（1977）「アスペクトの研究をめぐって：金田一的段階」『宮城教育大学国語国文』8，pp.51–63。

副島健作（2007）『日本語のアスペクト体系の研究』ひつじ書房。

須田義治（2010）『現代日本語のアスペクト論：形態論的なカテゴリーと構文論的なカテゴリーの理論』ひつじ書房。

寺村秀夫（1984）『日本語のシンタクスと意味 II』くろしお出版。

山田孝雄（1908）『日本文法論』宝文館。

出典

史記抄・四河入海＝抄物資料集成（清文堂出版）

エソポのハブラス＝大塚光信；来田隆（編）（1999）『エソポのハブラス　本文と総索引　本文篇』清文堂出版

虎明本狂言＝大塚光信（編）（2006）『大蔵虎明能狂言集　翻刻　註解　上・下』

清文堂出版
原刊・重刊捷解新語＝京都大学文学部国語学国文学研究室（編）(1972)『三本対照　捷解新語　本文篇』，京都大学文学部国語学国文学研究室(編)(1973)『三本対照　捷解新語　釈文・索引・解題篇』
改修捷解新語＝京都大学文学部国語学国文学研究室（編）(1987)『改修捷解新語　本文・国語索引・解題』
上記以外の資料は新編日本古典文学全集（小学館）に依拠した。

初出一覧

（いずれの章においても加筆・修正が施されている）

第１章

福田嘉一郎（2002）「現代日本語の静的述語のテンポラリティについて」『神戸外大論叢』53（７），pp.23-42，神戸市外国語大学。

福田嘉一郎（2005）「現代日本語の動的述語のテンポラリティについて」『神戸外大論叢』56（６），pp.1-10，神戸市外国語大学。

第２章

福田嘉一郎（2002）「現代日本語の静的述語のテンポラリティについて」『神戸外大論叢』53（７），pp.23-42，神戸市外国語大学。

第３章

福田嘉一郎（2015）「叙想的テンスの出現条件」『国語国文』84（５），pp.197-211，京都大学。

第４章

福田嘉一郎（1993）「ラシカッタという言い方についての覚書」『詞林』14，pp.57-70，大阪大学。

第５章

福田嘉一郎（1998）「現代日本語におけるモノダの構文と意味」『熊本県立大学文学部紀要』4（１），pp.23-35。

第６章

福田嘉一郎（1998）「現代日本語のノダと主体的表現の形式」『熊本県立大学文学部紀要』5（１），pp.1-15。

第 7 章

福田嘉一郎（2012）「中古語の非接続叙法体系」高山善行；青木博史；福田嘉一郎（編）『日本語文法史研究　1』pp.107–126，ひつじ書房。

第 8 章

福田嘉一郎（2006）「条件表現の範囲：古典日本語の接続助詞バをめぐって」益岡隆志（編）『条件表現の対照』pp.47–63，くろしお出版。

第 9 章

福田嘉一郎（1994）「朝鮮資料の成長性：捷解新語における陳述副詞の呼応をめぐって」国語語彙史研究会（編）『国語語彙史の研究　十四』pp.17–35，和泉書院。

第 10 章

福田嘉一郎（1998）「説明の文法的形式の歴史について：連体ナリとノダ」『国語国文』67（2），pp.36–52，京都大学。

補章

福田嘉一郎（2009）「日本語動詞のアスペクトと寺村文法」『言語』38（1），pp.42–49，大修館書店。

福田嘉一郎（2010）「アスペクト・テンス」高山善行；青木博史（編）『ガイドブック日本語文法史』pp.47–57，ひつじ書房。

跋

修士課程では国語学国文学を専攻した。国語史の研究資料の多くは文学作品であり，文学作品の中心をなすのは歌と物語である。物語とは，その内容が虚構であるにせよ，何らかの事実に基づくにせよ，語り手が語る時点においてはもはや関係者の存在しない，過去の出来事を述べたものである。にもかかわらず，物語の中では，時が止まったかのように，過ぎ去ったはずの場面がまさに展開している。その点は現代の小説等についても同様であろう。言葉はどのような仕掛けによって，過去を現在に連れ戻すことができるのか，また，その仕掛けはどのような歴史的変化を経てきたのか，調べてみたいと思った。修士論文の題目は「タリからタへ，およびその周辺―中世末期語の相《アスペクト》表現―」というものだった。現代日本語学の概念や方法を日本語史の研究に適用することは，今ではかなり一般的になったが，修士論文で試みた当時はまだ珍しく，私自身にもその意義を証明する力量が不足していた。

＊

修士課程を終えてすぐに，現代日本語のテンス，特に名詞修飾節における述語のテンスを研究しようと思い立ち，寺村秀夫先生のもとで研究生にしていただいた。30年前の4月だった。しかし，程なく寺村先生は体調を崩され，すべて休講となった。夏休み明けからは教壇に復帰されて，年末近くまで講義をなさったと記憶している。英語では‘*young he’と言えないのに対して，日本語では「若い彼（には)」などと言える，日本語の「彼」は代名詞でなく名詞の一種ではないかといった，印象的なお話をいろいろうかがったが，翌年の2月に先生は他界された。葬儀の日は雪が舞い，大変寒かった。

私は前田富祺先生のところの研究生に移り，日本語史の研究に戻った。前田先生は，学会発表の原稿にまで目を通されて，私を学界に紹介し，研究職への道を開いてくださった。先生には感謝の言葉もない。また，故藤田保幸氏には，論文が初めて学術誌に掲載される機会を頂くなど，ずいぶんとお世話になった。

その後，私は名詞修飾節のテンスについての論文を２編書いた。名詞修飾節は，節に含まれる命題の中にまた名詞修飾節が現れる（ように見える）という特異性を有し，テンスのきまりも複雑である。上の２編は，いま読み返してみると，手を入れたとしても，あらためて世に問うに堪える水準のものではない。本書に収めることができなかったのは甚だ残念である。ただ，ある程度の見通しはもっている。今後に期したいと思う。

*

伝統的国文法から離脱して構造主義言語学の立場に立つとき，現代日本語においては，子音（特殊音素 /ん/，/っ/ を除く）で終わる形態素がごく限られた品詞にのみ，すなわち，一部の動詞，および一部の動詞型句接辞にのみ認められることになる（読ム：/よ m-/，書ク：/か k-/，-テヤル：/-てや-r-/，-ダス：/-i だ s-/～/-だ s-/，等）。音用論あるいは対照言語学の観点から，構造主義的分析は支持されるだろうか。読者のご意見，ご批正を待ちたい。

*

これまで私は，研究テーマ相互の間に関連はあったにせよ，時に応じて興味の赴くままにテーマを選んできた。平和な時代に，学術の意義を疑うことなく学問を続けてこられたことは，本当に幸運だったと言わなければならない。いろいろな所で多くの方々と共にした議論が，すべて私の研究の糧になっている。その方々のお名前を挙げ尽くすことはとてもできないが，特に，語学有志会（かつて大阪大学で催されていた），筑紫日本語研究会，中部日本・日本語学研究会，土曜ことばの会，文法史研究会，対照研究セミナーに関わる皆さんへ，感謝の意を表したい。最後に，本書の基となった研究をまとめるよう勧めてくださった木田章義京都大学名誉教授に，この場を借りて御礼申し上げる。

2019 年 11 月 8 日

福田　嘉一郎

索　引

た 行

な 行

は 行

ま 行

ら 行

【著者紹介】

福田嘉一郎（ふくだ よしいちろう）

1963 年，大阪府豊中市生まれ。京都大学文学部卒業，同大学大学院文学研究科修士課程修了。大阪大学研究生，大阪星光学院中・高等学校教諭，熊本県立大学文学部講師・助教授を経て，現在，神戸市外国語大学外国語学部教授。博士（文学）。

（編著書）

高山善行；青木博史；福田嘉一郎（編）(2012)『日本語文法史研究　1』ひつじ書房。

福田嘉一郎；建石始（編）(2016)『名詞類の文法』くろしお出版。

日本語のテンスと叙法

—現代語研究と歴史的研究—

Tense and Mood in Japanese: Synchronic and Diachronic Studies

[いずみ昴《すばる》そうしょ 8]

2019 年 12 月 20 日　初版第 1 刷発行

著　者——福田嘉一郎

発行者——廣橋研三

発行所——和泉書院

〒543-0037　大阪市天王寺区上之宮町 7-6

電話　06-6771-1467

振替　00970-8-15043

印刷・製本——亜細亜印刷

装訂——倉本　修

ISBN978-4-7576-0938-9　C3381

JASRAC 出 1911618—901